ÉTABLISSEMENT

DE LA

RÉPUBLIQUE FÉDÉRALE

EN FRANCE

AVIS AU LECTEUR.

Le lecteur voudra bien ne pas se méprendre tout d'abord sur la signification du titre de ce mémoire. Le sens vrai de l'adjectif fédéral *a été maladroitement dénaturé en France par l'esprit de parti qui a, contrairement à toute logique, qualifié* fédéralistes *les tendances dissolvantes et séparatistes. L'esprit de faction a également abusé du manteau de la fédération pour masquer des conspirations éphémères et stériles.*

On verra, en lisant ce travail, que l'auteur attribue à la République fédérale sa signification vraie et absolue, qui est l'union, l'alliance, la concentration spontanée des forces sociales pour l'exercice du principe d'autorité centrale, ainsi élevé à sa plus haute puissance.

Dans la pensée de l'auteur, les essais de République ont échoue en France, à défaut du régime fédéral qui a fait la fortune politique de la Suisse et des États-Unis d'Amérique.

Le lien fédéral a toujours déplu aux tyrans. Toute tentative de République en dehors du régime fédéral ne serait qu'une échelle d'escalade pour d'ambitieux prétendants, une tyrannie déguisée, et nécessairement précaire.

Méditons avec calme la précession historique et la tradition des fautes de ce siècle. Inspirons-nous surtout des exemples du temps présent, où le principe fédéral assure la pratique de la République chez d'autres nations. Nous comprendrons alors que, pour organiser un ordre social fondé sur la force morale, il faut d'abord fédérer les hommes.

Paris. — Imprimerie Adolphe Lainé, rue des Saints-Pères, 19.

RÉPUBLIQUE FRANÇAISE

JUSTICE!

LIBERTÉ. — ÉGALITÉ. — FRATERNITÉ.

MÉMOIRE SUR L'ÉTABLISSEMENT DE LA RÉPUBLIQUE FÉDÉRALE EN FRANCE

DÉDIÉ

AUX CANTONS DE LA RÉPUBLIQUE

PAR

A. THOMÉ DE GAMOND

Docteur en droit, Docteur en Médecine, Officier du génie militaire, Ingénieur hydrographe et du Water Staat, Ingénieur des mines, Membre des institutions des Ingénieurs Civils de France et d'Angleterre, Cultivateur, Éleveur, Membre de la Société des Agriculteurs de France.

Mente, corde, manu.

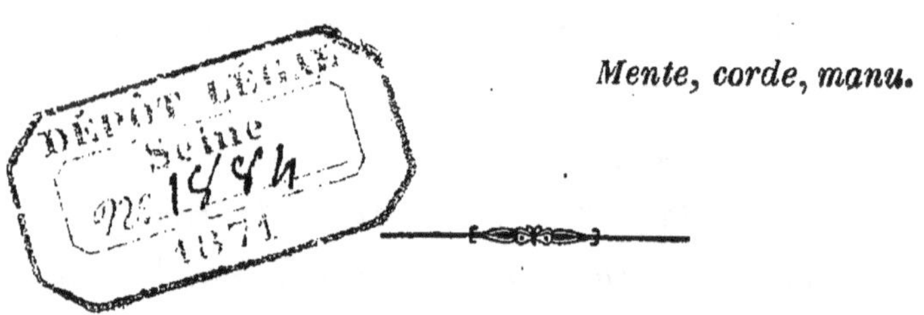

PARIS

E. DENTU, LIBRAIRE-ÉDITEUR

PALAIS-ROYAL, GALERIE D'ORLÉANS, 17 et 19.

1871

SOMMAIRE

Pages.

Avis au Lecteur II

Introduction. 3

LIVRE I. — RÉGIME FÉDÉRAL.

CHAP. Ier. — EXERCICE PRATIQUE DU PRINCIPE FÉDÉRAL. 16

CHAP. II. — LA TRIBU CANTONALE EST L'UNITÉ FÉDÉRALE DE LA RÉPUBLIQUE. 21

CHAP. III. — APPLICATION DE LA FÉDÉRATION REPRÉSENTATIVE. — Représentation communale. — Représentation nationale. — Extension du régime représentatif. 25

CHAP. IV. — SUFFRAGE UNIVERSEL. — Droits politiques des femmes. 27

LIVRE II. — LA COMMUNE.

CHAP. V. 32

LIVRE III. — LE CANTON.

CHAP. VI. — ADMINISTRATION CANTONALE. — Consul national. — Commissions consultatives. — Budget cantonal. — Marché cantonal. — Banque cantonale. — Police cantonale. — Travaux publics. — Journal du canton. — Tribunat cantonal. — Assistance publique. 36

CHAP. VII. — MOEURS PUBLIQUES. — Contrôle public sur les mœurs. — Censeur cantonal. — La société envahie par la bohême. — Organisation du régime cantonal dans les grandes villes. — Aménité dans les mœurs. 41

CHAP. VIII. — LA JUSTICE. — Tribunal arbitral. — Tribunal civil. — Justice criminelle. — Tribunal de mœurs. — Droit de grâce. . 49

CHAP. IX. — LA SCIENCE. — La science dans le passé. — Neutralité de la science. — Tendances vers la synthèse. — Mission politique de la science. — Nos hommes d'État. 55

CHAP. X. — INSTRUCTION PUBLIQUE. — Nécessité d'un enseignement secondaire dans tous les cantons. — Collége cantonal. — Programme des cours. — Conditions générales de cet enseignement. — Institut cantonal. — Congrès régionaux. 64

CHAP. XI. — FORCE PUBLIQUE. 73

LIVRE IV. — LE GOUVERNEMENT.

CHAP. XII. — ÉLÉMENTS DU GOUVERNEMENT CENTRAL. — Entraînement national vers l'unité. — Circulation des forces naturelles dans la vie fédérale. 76

CHAP. XIII. — ASSEMBLÉE NATIONALE. — Chambre législative. — Chambre judiciaire. — Chambre consultative. — Chambre administrative. — Perpétuité de l'Assemblée nationale. 80

CHAP. XIV. — POUVOIR EXÉCUTIF. — Idée populaire de la responsabilité du pouvoir. — Comité du pouvoir exécutif. 85

CHAP. XV. — RÉVISION DES LOIS. 88

CONCLUSION. 90

INVOCATION. — Au peuple des cantons. — Aux prêtres chrétiens. Aux ministres israélites. — Aux jurisconsultes. — Aux savants. — A la presse. 93

OUVRAGES DE L'AUTEUR

Vie de David, peintre d'histoire, ancien membre de la Convention nationale. — Paris et Bruxelles, chez Baudouin frères. Ouvrage publié aussi en anglais, en allemand et en hollandais, 1826. (L'auteur avait alors dix-huit ans.)

Étude pour l'avant-projet d'un tunnel sous-marin entre la France et l'Angleterre, reliant sans rompre charge les chemins de fer des deux pays; ligne de Grinez à Eastware. — 1 vol. in-4°, avec de belles planches gravées en couleur, offrant la carte du tracé projeté et le profil traversant le diagramme géologique du détroit de Douvres. — Paris, Victor Dalmont, 1857.

Mémoire pour l'étude du canal interocéanique de Nicaragua, à travers l'isthme de l'Amérique centrale, avec cartes et profils à l'appui. — 1 vol. in-4°. — Paris, Victor Dalmont, 1858.

Mémoire sur le projet du chemin de fer de Seine-et-Oise, destiné à relier les trois réseaux du Nord, de l'Ouest et d'Orléans, par Versailles, avec la carte du tracé et les profils étudiés. — 1 vol. in-4°. — Paris, Victor Dalmont, 1865.

Marine nationale. — Mémoire sur l'établissement d'une institution financière de crédit, en vue d'améliorer la condition commerciale des marins français engagés dans l'industrie de la *Pêche Côtière*, dédié aux marins. — 1 vol. in-8°. — Paris, Eugène Lacroix, 1866.

Mémoire sur les plans du projet nouveau d'un tunnel sous-marin entre l'Angleterre et la France, produits à l'Exposition universelle de 1867, et sur les différents systèmes projetés pour la jonction des deux territoires, depuis l'origine de ces études en 1833. — **Tunnel immergé.** — **Pont sur le détroit.** — **Bac flottant.** — **Isthme de Douvres.** — **Tunnel sous-marin,** avec un atlas de planches gravées en couleur. — 2 vol. in-4°. — Paris, Dunod, 1869.

Mémoire sur le projet d'agrandissement de la ville de Lisbonne, comprenant l'établissement d'un grand port maritime dans cette capitale, la création de quartiers nouveaux et le chemin de fer de Collarès. — Ouvrage publié dans les trois langues française, portugaise et anglaise, avec les plans généraux et particuliers des travaux projetés. — — 1 vol. in-4°. — Paris, Dunod, 1870.

Projet du chemin de fer de Mathonville à Abbeville, par Neufchâtel-en-Bray, reliant le réseau de l'Ouest à celui du Nord, dans la direction du détroit de Calais, par la ligne la plus courte. — 1 vol. in-4°. — Paris, Dunod, 1870.

INTRODUCTION

Paris, 25 janvier 1871.

Je n'ai pas la prétention de présenter un plan complet des réformes devenues nécessaires pour fonder *la République* dans notre patrie. Un travail de cet ordre ne pourrait sortir des méditations insuffisantes d'un cerveau isolé. Il faut que la France dresse elle-même son programme politique bien défini. La réalisation de ce programme sera l'œuvre de nos représentants.

Ce mémoire n'est qu'un aperçu pour la solution de plusieurs questions politiques présentement agitées par le peuple. Je me bornerai à signaler quelques institutions dont l'adoption me paraît désirable pour faciliter le fonctionnement de l'organisme politique et social de la République.

Ce travail est loin d'avoir la précision et le fini que comporte d'ordinaire l'examen des questions de cette nature. Il doit nécessairement se ressentir des circonstances troublées au milieu desquelles il est conçu et formulé. C'est dans les premiers jours de l'année 1871, au milieu de Paris assiégé, que la pensée m'est venue d'exposer, au point de vue pratique et en dehors de l'imitation des essais du passé, les conditions d'existence de la République, pour les soumettre à l'opinion de mes compatriotes, quand aura sonné pour eux l'heure de la délivrance. Je suis heureux de pouvoir utiliser ainsi les rares loisirs que me laisse mon humble part contributive dans la défense de la capitale (1).

(1) Une grande partie de mon temps fut consacrée, pendant le siége de Paris, à la formation de la légion des vétérans parisiens, dont l'effectif s'éleva à près de huit mille hommes, non compris un nombre à peu près égal qui fut détourné de sa destination pour des services municipaux. Dès le 8 septembre 1870, j'adressais l'appel suivant à mes vieux concitoyens :

LÉGION DES VÉTÉRANS PARISIENS.

APPEL PATRIOTIQUE.

8 septembre 1870.

Le général président du gouvernement de la défense nationale et le maire de Paris m'ayant autorisé à réunir, par voie d'enrôlement volontaire, une légion de vétérans parisiens, je viens faire appel à tous les hommes de bonne volonté qui ont passé la limite d'âge de cinquante-cinq ans, et qui se sentent encore la vigueur et le courage de contribuer avec la garde nationale à la défense de Paris.

Les vétérans des arrondissements de Sceaux et de Saint-Denis sont invités à se réunir à leurs camarades parisiens.

Un bureau central d'enrôlement est ouvert, à cet effet, au Palais-Royal, cour d'entrée, au rez-de-chaussée. Les enrôlements seront également reçus dans les mairies éloignées du centre.

Aussitôt que le nombre des inscrits le permettra, il sera formé un conseil provisoire de famille pour travailler à l'organisation rapide et à l'armement de ce corps de volontaires, préparer les cadres et l'élection des chefs de tout grade.

En attendant cette mesure, les vétérans parisiens se reconnaîtront à la cocarde tricolore réglementaire devant leur chapeau.

Alerte ! alerte ! Le temps presse ; ne perdons pas un seul instant.

THOMÉ DE GAMOND,
Ingénieur civil, rue de Tivoli, 27.

Au général Trochu, président du gouvernement de la défense nationale.

Paris, 6 septembre 1870.

Citoyen général,

Dans ces jours de péril public, il faut que la nation tout entière se couvre de fer.

En présence des dangers qui menacent la capitale de la France, je viens vous demander l'autorisation de former, par la voie d'appel patriotique et d'enrôlement volontaire, une légion de *vétérans parisiens* parmi les hommes que l'âge légal de 55 ans a libérés du service de la garde nationale. Il existe parmi eux un grand nombre de citoyens qui ont conservé, sous leurs cheveux blancs, un corps valide et un cœur fort.

Blessé de juillet 1830, j'aperçois autour de moi des hommes de bonne volonté qui se sentent capables de repousser les barbares avec la même audace et la

Je devais à mon pays le tribut d'une expérience de quarante années, acquise dans un contact incessant avec le peuple des ateliers agricoles, industriels et maritimes. Au milieu de ce monde réel, j'ai pu observer la pratique des mœurs et apprécier, dans leur expansion spontanée, les éléments d'une incomparable valeur sociale. Il suffirait de féconder ces précieux rudiments pour constituer sans grand effort la plus belle famille nationale de notre planète.

Le principe générateur de toute civilisation, l'instrument conservateur des sociétés, c'est la discipline, dont l'exercice consiste dans l'obéissance aux lois.

A l'origine des sociétés, le principe de discipline fut imposé par la force aux populations, sous l'initiative des chefs guerriers et des premiers législateurs. Aujourd'hui, des doctrinaires hypocrites nous répètent sans cesse :

La religion est un frein contre les passions;

L'esprit est un frein contre la chair;

Les lois sont un frein contre la licence;

L'armée est un frein contre la multitude.

Enfin, de nos jours, comme un couronnement à cette doctrine de freins compresseurs, nous avons entendu l'impie s'écrier : Le travail est un frein nécessaire!

même énergie dont nous avons fait preuve en 1830 contre les satellites de nos tyrans.

Mon ambition, en provoquant cette mesure, est de prendre, parmi mes vieux camarades, mon rang de simple fusilier.

Nous ne pourrions rester plus longtemps témoins inactifs de l'élan patriotique qui entraine la population. On a beaucoup parlé et chanté depuis un mois. A présent il faut agir! Tous ceux d'entre nous qui ont conservé quelque vigueur et dont l'âge n'a pas affaibli le courage se lèveront avec empressement, et chacun fera son devoir.

Veuillez agréer, citoyen général, avec l'expression de mes sentiments de vieille estime, mon salut cordial et fraternel.

THOMÉ DE GAMOND.

Approuvé :
LE GOUVERNEUR DE PARIS.

Par ordre :
Le général chef d'état-major,
SCHMITZ.

Notre révolution chrétienne et fraternelle est une nouvelle protestation contre l'abus systématique de ces prétendus freins. Relevant la dignité humaine, elle a pour mission de substituer à la *discipline imposée*, dans le régime social, la *discipline consentie.*

Beaucoup de gens calomnient la révolution parce qu'ils la redoutent. Ils la redoutent parce qu'elle leur est toujours apparue dans sa colère, comme un fouet vengeur aux mains du peuple contre les tyrans.

Mais quand vous aurez prouvé que la révolution n'est autre chose que le progrès dans la justice ; quand vous aurez une bonne fois placé et consolidé la révolution sur le trône, vous aurez imposé silence aux ingrats qui la calomnient. Vous récolterez alors, avec un bonheur ineffable, les trésors de bien-être moral qu'elle prépare à l'humanité.

La révolution ! *C'est l'action défensive du progrès de l'esprit humain longtemps comprimé.*

Tout effort agissant en sens inverse de la révolution est une réaction contre nature qui, par le seul fait de la compression, conduit fatalement tôt ou tard à une violente secousse politique.

Le seul moyen d'assurer le triomphe permanent de la révolution, c'est la consolidation de la République par l'exercice et le respect du droit de tous.

La République elle-même n'est autre chose que la révolution vivante, toujours debout, toujours en marche, affirmant la loi lumineuse du progrès par de sages et incessantes transformations.

Quand le Christ a fait entendre aux hommes sa noble parole, qu'apportait-il à ses contemporains ? La révolution ! Il fut crucifié par les puissances de son temps pour avoir prêché aux souffrants le dogme consolateur de la liberté, de l'égalité, de la fraternité.

La croix dressée pour son supplice sur le Golgotha fut le premier arbre de la liberté planté par la révolution. Depuis lors, chaque étape du progrès sur la route de la révolution, jalonnée par le Christ, a été marquée par le sang de ses martyrs.

L'ébranlement, la secousse générale imprimés à toutes les tyrannies par le saint Rédempteur durent encore. Voilà pourquoi les despotes et leurs serviteurs sont épouvantés chaque fois que la révolution apparaît, réclamant, dans sa légitime colère, l'accomplissement des prophéties du christianisme.

Oui, le christianisme apparut aux hommes les mains pleines de bonnes promesses. Ensuite le dogme chrétien fut dénaturé par le despotisme et ses castes serviles qui se l'approprièrent pour faire plier les genoux des peuples, non pas devant le Très-Haut, mais devant leur insatiable orgueil.

Aujourd'hui la révolution vient relever la bannière républicaine des vieux Chrétiens, pour réaliser les préceptes du Décalogue et les promesses de l'Évangile, en consacrant le règne de la justice.

C'est dans cette pensée que j'ai cru devoir compléter notre devise républicaine, en l'inscrivant en tête de ce livre sous le principe supérieur de la justice.

La liberté, l'égalité, la fraternité ne sont pas des principes sociaux générateurs : ce sont des conséquences directes, découlant de l'application du grand principe initial et dominateur des sociétés : LA JUSTICE !

Dans un ordre social où le principe de la justice prédomine, tous les hommes sont nécessairement libres et égaux dans une mutuelle confraternité. Isolée de la justice, la devise nationale serait essentiellement incomplète. Elle se réduirait à un honnête désir. Elle pourrait nous attirer le reproche que l'illustre Sieyès adressait à ses contemporains et que je lui ai entendu répéter vingt fois dans sa vieillesse : *Ils veulent être libres, et ils ne savent pas être justes !*

La perpétuelle erreur des législatures et l'écueil des corps constituants, c'est de vouloir subordonner les pouvoirs sociaux aux lois d'un mécanisme pondérateur.

Ils s'efforcent en vain d'établir un pacte social unilatéral, capable de maintenir en équilibre des forces contraires en apparence, et auxquelles une impulsion naturelle et spontanée peut seule imprimer la direction normale.

Ces politiques appliquaient aux pouvoirs sociaux les lois

empiriques d'un équilibre artificiel, au lieu de faciliter l'action propre et la génération de ces pouvoirs les uns par les autres.

Les pouvoirs publics doivent en effet procéder d'une même force originelle, dont les fonctions seules sont distinctes. Dans cette distinction est le secret des fautes du passé et l'espérance de l'avenir.

On s'attache à concilier des principes souvent inconciliables. N'est-il pas préférable de procéder par voie d'élimination, en écartant de l'appareil social les éléments usés dont le temps et les révolutions ont fait justice?

Laissons donc s'exercer la libre action du double pouvoir central et démocratique, puisque la subordination de l'un à l'autre produirait nécessairement ou le despotisme ou l'anarchie.

L'équilibre de nos vieux politiques, ce serait l'absence de mouvement, la paralysie. Or la vie sociale, phénomène régulier de la nature, est impérieusement soumise elle-même aux lois du mouvement.

Aucune de nos institutions ne peut, sous peine de périr au début, offrir le caractère de l'immuabilité. C'est par la fonction libre et normale de leur mobilité que l'on pourra les maintenir constamment dans le progrès.

Fonder sur la base de l'union nationale l'autorité gouvernementale qui oscille depuis si longtemps entre les vieilles castes sociales, ne serait pas une œuvre très-ardue.

Beaucoup de citoyens nous disent : La République fut possible dans l'antiquité, en Grèce et à Rome, où elle consistait en un Sénat aristocratique de patriciens dominant les esclaves de la plèbe, ou dans un Municipe limité aux murailles de la Cité; mais dans ce grand pays de France, la République est impossible.

Ces citoyens ont raison, s'ils ne considèrent que la République imposée par un décret venu de Paris, sans transformation de l'organisme politique actuel de la France.

La France pourrait subir un instant une République jussionnelle et dictatoriale, analogue à celles de 1793 et de 1848; mais elle ne l'acceptera jamais volontiers, et elle s'empressera de la renverser aussitôt qu'il deviendra manifeste qu'en changeant la seule forme de son régime gouvernemental, elle n'a fait que changer de tyrans.

La France veut la République. Elle ne veut pas la recevoir toute faite à l'aide des mécanismes représentatifs mensongers, usités par les précédentes tyrannies. Elle ne croit pas plus à la sincérité d'élections par des scrutins de listes dictés à Paris qu'à celle des cyniques candidatures officielles.

La France veut la République. Mais elle veut la faire elle-même suivant ses propres aspirations et l'état réel de ses mœurs.

Oui, ils ont bien raison, ceux qui nous disent que la République, envoyée de Paris par la poste ou le télégraphe, n'est pas possible en France. On s'accorde généralement à admettre que la République est la seule institution politique capable d'assurer une stabilité durable à la France, troublée tous les quinze ans par des révolutions monarchiques ; mais personne ne formule ni le principe ni le mécanisme pratique sur lesquels il conviendrait d'instituer la République. Quand je demande aux hommes d'État républicains les plus autorisés : Comment entendez-vous la République? Nul ne me répond.

La République n'est donc, quant à présent, dans l'esprit du plus grand nombre, que la négation de la monarchie, un gouvernement que chacun interprète au gré de ses passions, de ses désirs, mais qui n'a pas encore de forme définie ni généralement acceptée. C'est en présence des dangers de cette incertitude confuse que j'ai cru devoir proposer à mes compatriotes, pour la République nouvelle, une forme affirmative et précise, acceptable par tous parce qu'elle respecte les droits de tous.

La République française ne peut vraiment exister que par l'alliance préalable de tous les citoyens, par l'adoption du principe tutélaire des deux seules républiques existantes en Europe et en Amérique : *le principe fédéral !*

Suivant le dogme fédéral, toute puissance sociale émane directement du peuple. Cette puissance se fortifie par la fédération mutuelle de groupes naturels, tels que la Commune et le

Canton. Elle se manifeste avec une imposante autorité dans l'Union Nationale, explosion suprême de toutes les agrégations fédérales de la grande patrie.

La République fédérale! Tel doit donc être le vœu de tous les citoyens qui aiment sincèrement leur pays. Le régime fédéral, c'est la République réelle, la République fondée sur l'initiative libre et volontaire de tous les Français.

C'est en vue de préparer l'avénement de cette fédération fraternelle que je me suis livré à l'examen des divers éléments capables de concourir à l'organisation politique des Cantons de la France.

Déjà, dans cette pensée, j'avais prié quelques-uns de nos Représentants à l'Assemblée nationale de 1848, de soulever la question de l'Organisation cantonale, dont l'adoption eût conduit naturellement à la République fédérale. Plusieurs d'entre eux en parlèrent à l'Assemblée, mais sans pouvoir développer utilement la proposition, faute de compréhension.

Dans ce même but je m'étais efforcé aussi de démontrer aux chefs de la République dictatoriale de 1848, que les Cantons organisés seraient les racines vivantes et durables de la République.

« Ce serait un sacriglée, disais-je à Eugène Cavaignac (1), « de vouloir coucher la République naissante dans le lit juridi- « que si longtemps contaminé par l'orgueil despotique des rois. « Le salut moral de la patrie est dans la réforme radicale du « vieux mécanisme légal et bureaucratique. Il ne suffit pas « de pousser les populations à l'urne électorale, sous le man- « teau trompeur d'un suffrage inconscient, il faut organiser « au plus tôt l'exercice libre et direct de la démocratie. C'est

(1) J'avais été très-lié dans ma jeunesse avec les deux frères Cavaignac, et avec leur père, le vieux conventionnel exilé à Bruxelles. Plusieurs fois je fus le lien de rapprochement, dans de petites dissidences intimes, entre les deux frères, et entre le père et ses fils. J'éprouvais pour Godefroy une vive affection. C'était un homme de cœur, capable de tous les dévouements. Eugène, d'un caractère froid et personnel, et d'une intelligence médiocre, m'inspirait moins de sympathie. En 1848 je l'appelais la République en grosses bottes, la République en moustaches, la République farouche; et il avait le bon esprit de ne pas s'en fâcher.

« en vain que tu prétendrais fonder un ordre social fraterni-
« taire en maintenant le pouvoir nouveau dans la vieille
« ornière dictatoriale du passé. Tu n'y parviendras pas. »

Je ne fus pas écouté. Mais j'espère aujourd'hui que mes conseils seront mieux compris de la France, à laquelle je m'adresse directement, qu'ils ne le furent alors de ses gouvernants éphémères. On croira sans peine à la sincérité désintéressée d'un vieux patriote qui ne sollicite ni les faveurs du Gouvernement, ni les suffrages du Peuple, et qui a médité longtemps sur la cause de nos insuccès pour fonder la République.

La science administrative des sociétés est encore à l'état rudimentaire. Son étude, si longtemps comprimée par le despotisme, ne peut se développer avec succès que sous l'action d'une liberté complète.

On doit savoir bon gré à quelques penseurs que leur dévouement porte à la recherche de solutions isolées dans cette direction. Ce sont des esprits généreux, entreprenants, trop distraits de travaux d'ensemble par la contemplation solitaire, égarés tant soit peu dans le champ de l'analyse. Un mouvement synthétique tend à les rallier sur un terrain commun : l'*administration spontanée de la République*, autrement dit : *le Gouvernement direct du peuple*.

Ces respectables penseurs, confinés en eux-mêmes, privés d'expansion extérieure et de communion avec la foule, ont dû naturellement imaginer des systèmes sociaux dont plusieurs se sont produits sous des formes originales, mais qui tous prouvent, à la grande humiliation de notre orgueil, qu'en matière d'ordre social, rien de complet ne saurait sortir d'un seul cerveau humain, réduit à ses propres inspirations. D'où il résulte que l'intelligence personnelle doit s'éclairer sans cesse au foyer du sentiment public. En effet, lorsque ces propositions isolées furent livrées à la critique du peuple, l'insuffisance pratique de ces systèmes éclata.

La plupart ont été repoussés, les uns comme irréligieux, d'autres parce qu'ils confondaient trop les notions du juste et de l'injuste, et tous enfin comme tendant à jeter l'esprit humain dans un égarement complet.

Il importe donc d'organiser l'administration spontanée de la République, non sur des groupements artificiels, mais sur le principe des liens naturels des populations.

Il serait impraticable, pour un grand pays, de se gouverner directement sans la constitution préalable d'unités fédérées. Il faut donc opter : ou pour une fédération vigoureusement constituée, ou pour le despotisme autocratique. Entre ces deux systèmes il en est un mixte ou bâtard, essayé en vain depuis cinquante ans en France, au profit des classes moyennes. La France est lasse de cette inique exploitation ; elle n'en veut plus.

A travers les nombreuses secousses politiques de ce siècle, une tendance sociale n'a cessé de se produire et a laissé de profondes racines dans les populations au cœur desquelles une longue souffrance et le mauvais exemple des classes supérieures n'avaient pu affaiblir le sentiment de fraternité chrétienne.

Cette tendance, c'est l'explosion de l'instinct fédéral, souvent accentuée avec un patriotique enthousiasme dans les jours de péril, comme la marque signalétique d'un grand mouvement général vers l'unité.

Notre système fédéral français ne saurait être, comme en Suisse, comme dans les Amériques, une association incohérente d'États divers, successivement agglomérés. Il sera l'agrégation intime et spontanée d'unités cantonales identiques, procédant elles-mêmes d'unités communales, et constituant une unité nationale sans exemple dans l'histoire.

Nos éléments de fédération retrouveront ainsi leurs libertés confisquées. Ils sont déjà préparés à l'unité par une longue centralisation autocratique et artificielle, qui fut peut-être le passage historique nécessaire entre le monde ancien et le monde nouveau.

Il ne pourrait entrer dans le plan du présent mémoire d'aborder la solution des divers problèmes sociaux de notre temps. Je me propose uniquement de recommander ici la mise en œuvre des forces politiques naturelles de la nation. Si ce résultat est atteint, le moyen sera trouvé par la solution des questions sociales et économiques. Aucune de ces questions ne saurait être tranchée séparément, parce que toutes sont solidaires. Elles seront résolues virtuellement, sans effort, et à la satisfaction de tous les intérêts engagés, quand l'adoption du régime fédéral aura fondé un ordre politique régulier dans notre patrie.

En général, par suite de nos traditions éducatives, on parle beaucoup, au lieu d'agir, dans nos conseils et nos assemblées politiques. Il paraîtrait utile de parler moins et de faire plus. C'est dans cette pensée que j'ai cru devoir indiquer ici des moyens d'agir, d'accord avec la pratique des mœurs.

En exposant le mécanisme entrevu pour l'exercice des pouvoirs politiques, je suivrai dans ce mémoire l'ordre naturel de la génération de ces pouvoirs.

En effet, dans la République, il n'est qu'un seul souverain, le peuple. Les fonctionnaires de toute nature, investis de la délégation populaire, ne sont que les mandataires, les honorables serviteurs du peuple.

L'autorité initiale de la nation s'exerce d'abord dans le Conseil cantonal, formé par la réunion des communes confédérées. Là est le berceau du régime fédéral.

Les élections cantonales, par leurs représentants directs, sont réellement les sources génératrices de l'Assemblée nationale, pouvoir central et suprême auquel sont déléguées les destinées de la France.

C'est en conformité de cet ordre générateur de la vie nationale, que j'ai cru devoir disposer les matières du présent mémoire comme il suit :

Le Régime fédéral,
La Commune,
Le Canton,
Le Gouvernement.

Élevé sur les genoux de la République, au milieu de soixante vieux conventionnels exilés de France pour avoir condamné judiciairement à mort le roi Louis XVI, je fus le disciple personnel et affectionné de Merlin de Douai, de l'illustre Sieyès, de Berlier, Mailhe, Cavaignac, Ramel, Chazal, Thibaudeau, et autres auteurs de nos premières constitutions républicaines (1).

(1) Dans l'année 1823, après avoir achevé mes études au collége de Poitiers, ma ville natale, j'allai rejoindre en Allemagne mon oncle le conventionnel Antoine Thibaudeau, frère aîné de ma mère, exilé de France par la loi de proscription du 12 janvier 1816.

En 1824, nous nous rendîmes d'Augsbourg à Bruxelles, où mon oncle avait obtenu de fixer sa résidence, et où se trouvaient déjà un grand nombre de ses anciens collègues, proscrits comme lui. A cette époque, la Belgique faisait partie du royaume des Pays-Bas.

Le roi des Pays-Bas, Guillaume Ier, était fils du prince d'Orange-Nassau, dernier statbouder de Hollande. Il avait émigré en Allemagne pendant les guerres de la Révolution. Le traité de paix de Lunéville lui avait attribué en compensation, comme prince allemand dépossédé, la petite principauté de Fulda et de grandes indemnités d'argent. Ce prince était venu à Paris en 1802, sous le nom de comte de Dietz, pour la liquidation de ses indemnités. Il avait été présenté par Lehoc, ex-ambassadeur de France en Hollande, à l'ancien conventionnel Antoine Thibaudeau, alors conseiller d'État, dans la famille duquel il fut reçu pendant tout son séjour avec une grande cordialité. Devenu roi des Pays-Bas en 1815, Guillaume Ier vit ensuite Antoine Thibaudeau, exilé à son tour, après avoir été successivement interné à Vienne, Prague, Augsbourg, venir chercher un refuge dans son royaume, en 1824, et le protégea ouvertement contre la police tracassière de la Sainte-Alliance. Antoine Thibaudeau le pria de vouloir bien permettre à son jeune neveu, qui l'avait rejoint à l'âge de 15 ans dans son exil, d'achever ses études spéciales dans les hautes écoles des Pays-Bas : ce qui fut accordé gratuitement, sans examen, et avec invitation aux professeurs d'aider l'élève par de fortes répétitions en dehors des cours.

« Je n'ai pas oublié la bonne hospitalité que le comte de Dietz (nom de Guil-
« laume Ier pendant son émigration) a reçue de vous à Paris, après Lunéville.
« Vous et votre famille m'appartenez maintenant comme une épave des grandes
« tempêtes politiques. Votre neveu Thomé sera admis librement dans toutes les
« écoles de mes États. Je viens d'en donner l'ordre. » (Lettre autographe du roi Guillaume Ier au comte Antoine Thibaudeau, 2 juillet 1824.)

Ce fut grâce à ce bienveillant patronage que l'auteur du présent mémoire obtint le précieux privilége de pouvoir compléter à la fois, en cinq années, ses études médicales, celles du droit, du génie militaire et du génie civil. Cette dernière profession, plus conforme à ses aptitudes et à ses goûts, eut, dans la pratique, la préférence sur les trois autres. Rentré dans son pays en 1829, le jeune ingénieur reconnut trois lacunes importantes dans son instruction générale : d'une part le génie des mines, d'autre part l'enseignement industriel et agricole. La première de ces lacunes fut comblée dans les écoles de France, les deux autres dans l'atelier même de plusieurs grandes usines et de domaines placés sous sa direction. Il retourna en 1831 à Bruxelles, pour épouser la fille aînée du conseiller de Gamond, avec laquelle il avait été fiancé pendant son séjour dans cette ville, et revint s'établir en France.

Combattant de juillet 1830, j'eus le bonheur alors de contribuer, pour ma faible part, à affranchir mon pays d'un gouvernement imposé à la France par les armées étrangères. Depuis cette époque, j'ai eu la bonne fortune, durant une vie laborieuse, de rester libre et indépendant de tous les partis politiques. J'ai toujours éprouvé de l'éloignement pour l'esprit de parti, qui est essentiellement haineux et critique. Par cela même il est dépourvu d'aspirations affectives, les seules qui soient organiques.

Ces divers précédents pouvaient m'autoriser et m'enhardir à transmettre à mes concitoyens les conseils d'une vieille expérience traditionnelle, avec la conscience fidèle d'un homme qui n'a jamais flatté ni le Gouvernement ni le Peuple, et qui se réserve, jusqu'à son dernier soupir, le droit de dire la vérité à l'un et à l'autre.

Je m'acquitte présentement d'un devoir d'ordre moral, en invitant mes compatriotes à consolider leur état politique par l'inauguration du régime fédéral. Je me propose de les entretenir bientôt d'une question d'ordre matériel non moins importante, à la solution de laquelle j'ai consacré ma vie. Il s'agit de l'utilisation complète de l'appareil hydraulique de la France, resté jusqu'à présent à l'état sauvage. Ce ne sera pas trop du peu de jours que Dieu me réserve, pour provoquer l'adoption d'une mesure capable d'accroître la prospérité publique et privée, et qui viendrait à point nommé pour réparer promptement la large brèche causée par l'invasion étrangère à la fortune de la France. Je serais heureux alors de terminer, dans l'accomplissement de ce devoir, une carrière qu'un gracieux poëte féminin a bien voulu résumer en ces quatre lignes :

Pour l'ouvrier sa vive sympathie
Lui fit des grands dédaigner la faveur;
Au sein du peuple où s'écoula sa vie,
Esprit ardent, il vécut par le cœur (1)!

(1) Recueil des poésies intimes de mademoiselle Cornélie Goupy. Paris, 1869.

LIVRE Ier

RÉGIME FÉDÉRAL

CHAPITRE Ier

EXERCICE PRATIQUE DU PRINCIPE FÉDÉRAL

On proclame que le peuple est souverain!

Pour que le peuple soit souverain, il faut que tous les citoyens dont il se compose soient en possession de leur souveraineté personnelle.

Dans les sociétés anciennes, comme de nos jours, la constante ambition de l'homme a été la conquête de sa souveraineté individuelle. C'est pour ce dogme persistant de la liberté personnelle qu'il n'a cessé de lutter contre toutes les tyrannies.

La souveraineté personnelle ne saurait exister en dehors du principe supérieur de la justice universelle, trop longtemps méconnu. Or la justice instinctive proclame que cette souveraineté ne saurait être un privilége isolé, mais un patrimoine commun à tous les hommes.

Par ce motif la République nous offre vraiment, dans sa forme et dans son but, la consécration réelle du dogme de la souveraineté personnelle.

Il est nécessaire, pour que la souveraineté du peuple soit effective, que les citoyens soient unis dans une mutuelle alliance, réglée par des lois acceptées de tous.

Autrement, si le peuple reste dans l'état d'isolement individuel où il a été maintenu jusqu'à ce jour par tous les gouvernements, comment pourra-t-il exprimer sa volonté et exercer cette souveraineté qu'on lui attribue en théorie, mais qui n'a jamais eu de consécration pratique?

Dans la construction de tout édifice, il est indispensable de relier, de consolider les divers éléments qui le composent par un ciment agrégateur.

Dans l'ordre politique et social, le trait d'union, le lien tutélaire entre les divers groupes de citoyens, c'est le ciment fédéral.

La fédération apparaît donc comme la sainte alliance nationale, comme la communion religieuse des intelligences, des cœurs et des bras (1)!

Depuis la révolution de 89, le peuple français avait eu déjà quelques occasions de manifester, par des signes précurseurs, certaines aspirations vers la vie fédérative.

La fête de la fédération du 14 juillet 1790, anniversaire de la prise de la Bastille, célébrée dans tous les départements, avait communiqué aux esprits une première impulsion vers le principe fédéral. C'était la France entière qui accentuait alors un mouvement majestueux d'expansion vers l'unité. Mais cet élan fraternel demeura à l'état de bon désir.

La tendance fédérative de 1793, connue sous le nom de *Fédéralisme*, fut l'explosion d'une aspiration légitime, mais intempestive. Ce fut un mouvement accidentel et réactionnaire contre les abus d'autorité du parti jacobin qui gouvernait la France. Aussi les Jacobins décapitèrent les chefs du mouvement fédéraliste, sous l'inculpation de tendances séparatistes qui n'étaient pas vraies. Les Fédéralistes d'alors étaient bons Français et républicains. Ils voulaient fonder la République avec le pays tout entier, au lieu de subir la domination exclusive et dictatoriale du pouvoir central qui pourtant alors était nécessaire. Les ca-

(1) *Mente, corde, manu!*

lomnies des Jacobins, répétées par l'histoire, contre une réaction fédérative naturelle, mais tout-à-fait inopportune, causée par leurs excès, retardèrent pour longtemps l'union fédérale en France.

Toutes ces manifestations éphémères pour la vie fédérale demeuraient impuissantes et stériles tant qu'elles n'étaient pas sanctionnées par des lois politiques.

Le principe fédératif n'a été en général appliqué par les peuples que dans un but spécial ou limité, permanent ou temporaire. Mais il n'a encore été adopté nulle part comme principe initial, comme base statutaire de tout l'organisme social d'une nation.

Il s'agirait présentement d'en faire l'application la plus étendue à la constitution politique et civile de la France, admirablement préparée à la vie fédérale par des mœurs en harmonie avec la fraternité chrétienne.

Tous les germes d'une féconde alliance civique existent déjà, à l'état confus, dans nos groupes administratifs de la commune, du canton et du département.

Il suffirait de développer ces germes en les coordonnant par des institutions régulières, fondées sur l'ordre et la liberté.

Les éléments générateurs de l'association nationale étant bien appréciés, il deviendrait facile de les relier dans une commune synthèse politique, pour assurer le fonctionnement social de l'unité complète.

Si le principe fédératif a pu prêter à la critique, c'est qu'il a été essayé parfois chez quelques peuples, sous forme de systèmes bâtards, associant certains intérêts à l'exclusion des autres. Mais cette critique ne saurait être applicable à la France qui se trouverait fédéralisée dans tous les éléments de son intégrale unité, unité qui a manqué à tant d'autres nations.

Une fédération peut s'improviser, tant bien que mal, pour des besoins passagers. Mais un régime fédéral permanent, embrassant l'échelle entière de nos institutions politiques, ne peut naître que d'une organisation à la fois naturelle et méthodique, basée sur les mœurs.

En vertu des droits conférés par une nouvelle loi communale, es citoyens organiseraient spontanément leur administration sans intervention du pouvoir central. Ils nommeraient tous leurs fonctionnaires communaux.

Les communes d'un même canton seraient confédérées dans ce canton, et leurs magistrats réunis constitueraient le Conseil cantonal sous la présidence d'un Consul élu par le peuple entier du canton.

Les cantons ainsi constitués seraient les embryons vivants de la République. Ils offriraient à tout citoyen l'image d'une parie sensible.

Les cantons, organisés par la fédération des communes, seraient ensuite confédérés dans la capitale de la France où chacun d'eux enverrait un représentant élu par le peuple. L'Assemblée nationale des représentants serait perpétuelle et incessamment renouvelée par quart chaque année.

Les représentants de nos trois mille cantons, réunis à Paris, constitueraient la grande fédération de la République française.

Ils se diviseraient en Chambres distinctes pour répartir entre elles la besogne législative, administrative et judiciaire de la patrie, comme il sera indiqué ultérieurement.

Ils désigneraient parmi eux le Commissaire suprême de la République, dont l'élection serait votée pour quatre ans par le suffrage universel de tous les cantons.

La loi déterminerait quelles seraient les diverses fonctions publiques exigeant la qualité préalable de représentant du peuple. De cette manière toutes les fonctions supérieures de la République, à l'exception de quelques professions spéciales, seraient exercées par des hommes issus du suffrage universel.

Quel imposant spectacle que celui d'une pareille rénovation sociale d'un grand peuple se gouvernant lui-même par ses véritables élus ! Combien il diffère du vieux système de servitude où les fonctionnaires, très-humbles créatures d'un maître, administraient aux masses la monnaie de sa tyrannie !

Ici le contrôle du peuple est incessant. Ce contrôle aurait sa sanction naturelle dans les élections annuelles du quart des représentants. Si le fonctionnaire justifie la confiance de ses commettants, il sera certainement réélu député et conservera les fonctions attachées à son mandat. Si au contraire il cesse de mériter la confiance de ses concitoyens, dans ce cas il n'est pas réélu et cède la place à un plus digne.

Quelle action émulatrice un semblable mécanisme exercerait sur la vie des hommes investis de fonctions publiques !

C'est en vain que l'on s'efforcerait d'entraîner l'esprit du peuple vers les régions obscures d'un idéal patriotique.

En effet, si l'esprit de l'homme est enclin à s'égarer parfois dans le domaine de l'abstraction, il est incessamment ramené, par les impérieuses conditions de la vie, vers la réalisation, vers l'incarnation de son idéal.

C'est ainsi que l'idée actuelle de patrie n'a pour le peuple d'autre signification que celle d'une vague communion nationale, invisible et insaisissable.

L'organisation politique des cantons de la République lui offrira, sous ses yeux et sous sa main, l'incarnation vivante d'autant de patries sensibles, dont la fédération mutuelle lui apparaîtra comme une réalisation glorieuse de la France idéale, de la grande patrie.

L'adoption du régime fédéral peut seule imprimer à nos institutions ce caractère sentimental et chrétien, condition vraiment pratique de la fraternité, sans laquelle il n'est pas de patrie. C'est par l'inauguration de ce régime qu'il deviendra possible de constituer en France la République indivisible et indissoluble.

Oui, *indissoluble!* Car quel conspirateur, quel conquérant, au-dedans et au-dehors, pourrait désormais ébranler notre édifice fédéral fondé sur la participation active et solidaire de tous les Français ?

La consécration du principe fédéral n'implique pas l'imitation, dans le fond et dans la forme, de sa fonction dans la Suisse et les États-Unis d'Amérique. Son exercice devrait être spécialement adapté à nos mœurs nationales, tout en utilisant les expériences acquises à l'étranger.

Il pourra exister toujours des divergences de vues entre les citoyens, comme il s'en produit entre les enfants d'une même famille. Mais quand la fédération française aura arboré l'étendard de la justice, quand nous aurons revêtu d'un caractère *adhésionnel* nos lois consenties par tous et obligatoires pour tous, on ne verra plus de ces combats fréquents et acerbes entre majorités et minorités, expression d'un état social confus. On verra, sauf de rares exceptions, se manifester presque unanime la raison de tous.

CHAPITRE II

LA TRIBU CANTONALE EST L'UNITÉ FÉDÉRALE DE LA RÉPUBLIQUE

La commune et la paroisse, froidement absorbées l'une et l'autre dans la tradition de l'odieux municipe romain, sont aujourd'hui insuffisantes comme éléments constitutifs de la solidarité sociale.

Pour donner satisfaction au besoin persistant d'unité, instinctif chez le peuple, on est virtuellement conduit à renouer le lien fédéral et naturel qui le rattache au canton, au *Pagus!*

En effet le *Pagus* (pays), tradition originelle, si longtemps dépourvue d'existence légale, n'en a pas moins continué de vivre, et aucune influence despotique, depuis César, n'a pu l'effacer de notre patrie.

Il faut expliquer en grande partie la fidélité persévérante des populations pour la tribu cantonale par les proportions géographiques de ce groupe, adaptées aux convenances personnelles de l'homme.

L'étendue restreinte du cercle cantonal permet à tous les habitants de se rendre à pied au chef-lieu, d'y vaquer à leurs affaires, et d'en revenir le même jour. Cette convenance naturelle a été encore facilitée par l'établissement récent de nombreux chemins vicinaux et de quelques voies ferrées. Les divers habitants du canton se connaissent entre eux, condition essentielle d'association politique qui serait impossible dans un cercle plus étendu.

Les rapports officiels du citoyen avec le canton n'existent actuellement que par le tribunal de paix et le bureau de perception. Mais les relations s'accentuent avec une force vraiment intense au point de vue économique. C'est au canton que se tiennent les marchés, les foires et les assemblées de louage. Là les consommateurs sont en présence des producteurs, et leurs échanges donnent lieu à d'importantes transactions commerciales. De cette manière les intérêts des producteurs ne restent pas isolés de ceux des consommateurs. La consommation étant le but et la production le moyen, le centre cantonal est le milieu nécessaire entre ces deux fonctions économiques.

Les éléments de la vie cantonale prennent une importance nouvelle depuis que la solution des problèmes sociaux est entrevue dans l'ordre économique. Les transactions économiques étant le but, la fonction politique n'en est plus que le moyen. Il convient donc de subordonner le moyen au but, et la politique à l'économique.

La France fédérale a pour objet d'absorber graduellement l'ordre politique dans l'ordre social. Actuellement que le besoin d'unité nationale est universellement ressenti, rien ne pourra résister à cette évolution pacifique de l'organisation cantonale qui doit s'accomplir sans aucune commotion, aussitôt que les cantons auront fait entendre leur vœu réel.

Dans l'institution cantonale se conserveront toujours les plus profondes racines de notre ordre social actuel. Elle devra s'appuyer surtout sur les populations agricoles, non-seulement parce qu'elles constituent la majorité des Français, mais parce qu'elles sont merveilleusement préparées par une persistance instinctive pour l'ordre, le calme et l'unité. Elles ont horreur de l'esprit de lutte, provoqué par les ambitions vulgaires qui font incessamment appel aux mauvaises passions.

La société a longtemps marché dans un sens contre nature, par la pression communiste de l'État sur l'individu; subordination monstrueuse dans laquelle l'État atteint constamment l'administré, sans que celui-ci puisse atteindre l'État, impalpable pour lui.

De là le besoin impérieux d'une *patrie sensible*, d'un lien civique pour l'individu, aujourd'hui émancipé de l'ancien patronage du monde romain et du moyen-âge. Le nouveau canton doit être le patron collectif et responsable. En un mot, *il faut à l'homme des liens sociaux*. Tout le sens de la Révolution est dans la satisfaction de cette nécessité légitime.

Au fond de l'association cantonale, on aperçoit une âme, non idéale, mais réelle, incarnée, de la patrie sensible. Au-dessus de la patrie sensible, la grande fédération nationale entre les cantons constitue la patrie rationnelle, l'âme idéale de la France qui, d'inspirée, devient inspiratrice à son tour. C'est ainsi que se manifeste la pulsation nationale, répandant partout le mouvement et la vie.

Il est nécessaire que le pacte cantonal assure au citoyen un asile personnel. Ce pacte doit en cela différer des constitutions antérieures de l'ordre politique où, suivant la tradition gréco-romaine, l'individu était complétement absorbé par la société. C'était le plus odieux de tous les communismes, la négation de la personnalité humaine. Dans la société nouvelle, le citoyen doit toujours être présent à l'inventaire. On ne saurait trop le répéter, dans la grande *patrie rationnelle* il faut que chacun de nous soit pourvu d'une *patrie sensible.*

L'institution cantonale aura le caractère d'une puissante association, forme réelle de la solidarité. La solidarité mutuelle a existé déjà, mais à l'état fragmentaire et égoïste, d'abord dans les corporations, et plus tard dans quelques communes. Ainsi isolée et restreinte, cette solidarité est exclusive et mauvaise. Généralisée, elle est excellente.

Il en est ainsi de toutes les réformes antérieurement indiquées et déjà admises dans nos mœurs. On ne peut guère voir réussir que celles-ci. Cette pensée devrait être toujours présente à l'esprit du législateur. Elle relègue l'utopie à sa véritable place, celle d'un désir formulé, mais qui n'a pas encore la sanction de l'expérience et du temps, quand sa réalisation ne se trouve pas en germe dans nos mœurs.

Toute amélioration proposable et acceptable doit donc avoir, dans la vie sociale de son temps, un principe d'existence qu'il ne s'agit que de généraliser.

Aussi, en proposant l'organisation politique de la famille cantonale, je n'introduis pas une innovation. Je ne fais que conseiller la généralisation d'un régime pratique, fondé sur l'instinct du peuple, mais qui n'existe naturellement dans nos mœurs qu'à l'état confus et rudimentaire.

C'est en recherchant autour de quelles institutions pourraient se rallier les forces divergentes de la société, que j'ai entrevu dans le groupement naturel du canton le phare de salut.

Au moyen de l'union cantonale, les populations seront rassises dans la paix. Le citoyen recouvrera l'exercice de sa souveraineté personnelle, don de nature que chacun de nous tient de l'Éternel, et qui fut si longtemps confisqué par le despotisme. Les individualités se caseront spontanément avec calme. Le travail public et privé reprendra son religieux essor. Chacun reconnaîtra sa place. *La société aura ses cadres !*

L'homme pourra se traîner encore longtemps dans les langes de la vie politique, jusqu'à ce que, parvenu à un état intellectuel et moral aujourd'hui exceptionnel, alors généralisé, il puisse vivre, par l'accord tacite des intelligences et des cœurs, sans avoir besoin d'autres garanties que celles qui sont imposées par l'ordre matériel.

Le régime politique n'est donc en réalité qu'un système de garantie. Ce régime est impérieusement nécessaire dans notre état actuel d'infériorité morale. Le garantisme deviendra superflu et tombera de lui-même quand la société aura atteint un niveau moral supérieur.

CHAPITRE III

APPLICATION DE LA FÉDÉRATION REPRÉSENTATIVE

Représentation communale.

En vertu de son droit souverain, le peuple de chaque commune élirait ses édiles : le maire, les adjoints, le censeur public et le conseil communal (1).

Indépendamment de leurs attributions communales, tous ces magistrats, au nombre d'une vingtaine, y compris l'instituteur primaire, feraient partie de droit du Conseil cantonal.

C'est ainsi que la première expression du principe fédéral se produirait dans l'union des communes confédérées au canton.

Les communes seraient donc représentées au Conseil cantonal par tous leurs magistrats élus par le suffrage universel.

Ce Conseil cantonal se composerait ainsi de 150 à 200 membres, à peu près, dans les cantons formés de sept à dix communes. Ses séances seraient publiques.

Il serait présidé par le Consul cantonal, magistrat élu par le peuple entier du canton, et chargé, comme le procureur de la République, de veiller à l'exécution des lois.

Au moyen de cette organisation les cantons auraient leur existence propre. Ils seraient pourvus d'une administration locale complète, avec leurs tribunaux, leurs écoles, leurs marchés, leur assistance publique, leurs comices de toute nature, leur force publique, en un mot toutes les institutions capables de développer les garanties de la vie politique. Par là serait

(1) Je m'abstiens d'employer ici l'adjectif *municipal*, encore usité, et qui rappelle l'ancien municipe aristocratique des Romains. Aujourd'hui que nous devons éliminer, dans le fond et dans la forme, les traditions du municipe, tout ce qui tient à la commune est *communal*.

résolu un grand problème gouvernemental, consistant à rapprocher autant que possible les administrateurs des administrés. L'administrateur se trouverait ainsi sous la surveillance directe du peuple, seul moyen de mettre fin à la tyrannie occulte de l'esprit de corps, dans son expression la plus pernicieuse : la bureaucratie, qui est la pire de toutes les craties.

Représentation nationale.

Chacun des cantons de la République députerait directement à l'Assemblée nationale un représentant élu par le suffrage universel. Ainsi composée, l'Assemblée nationale serait en réalité la plus haute expression fédérative de l'unité française. Elle comprendrait plus de trois mille membres. On verra au chapitre XIII, qui définit la mission de la nouvelle Assemblée nationale, que ce nombre, dépassant de beaucoup celui des anciennes assemblées, ne serait pas trop élevé pour la gestion intégrale des affaires législatives, judiciaires et administratives de la France.

Conseil départemental.

Une autre application du principe représentatif est celle du Conseil général du département qui contenait déjà le germe de la fédération des cantons.

Le département est une circonscription administrative ingénieuse, mais purement artificielle. Elle fut nécessaire pour neutraliser l'esprit particulariste des anciennes provinces, qui était alors un obstacle à l'unité nationale. L'institution départementale est entrée dans nos mœurs. Elle mérite d'être conservée, comme groupement régional des cantons.

Le Conseil général du département serait composé des mêmes représentants élus par chaque canton pour l'Assemblée nationale.

Extension du régime représentatif.

Ainsi qu'on le verra au chapitre XIII qui traite de l'Assemblée nationale, il serait fait du système représentatif, pour toute l'administration supérieure de la République, l'application la plus étendue.

Le nombreux personnel de l'Assemblée nationale pourvoirait non-seulement aux fonctions législatives, mais aux hautes fonctions administratives et judiciaires dans toute la France.

De cette manière la confection et l'exécution des lois seraient confiées, par des attributions distinctes, à des élus directs du peuple. Le régime fédéral et représentatif serait ainsi complet et partout en vigueur.

CHAPITRE IV

SUFFRAGE UNIVERSEL

Les philosophes, les juristes, qui ont jusqu'à ce jour formulé nos constitutions politiques, n'étaient pas suffisamment en communion avec le peuple.

Imprégnés de la philosophie rigide du monde romain, ils ont trop méconnu ou trop dédaigné l'instinct! L'instinct, c'est le lien moral naturel, le sens religieux des hommes! Toute organisation sociale préparée sans tenir compte de l'instinct populaire, est artificielle et précaire.

Des groupes d'hommes ou des castes privilégiées s'entendaient pour fonder un gouvernement, s'en constituer les chefs, et donner des ordres aux multitudes.

Les sociétés ont trop longtemps tourné autour de cet axe jussionnel.

On ne peut fonder la République, si l'on n'imprime à toutes nos institutions un caractère *adhésionnel* fondé sur le consentement de tous. Le peuple a trop longtemps plaidé par procureurs, par des mandataires souvent infidèles. Il doit intervenir directement dans toutes les décisions qui le concernent. Il le veut.

Les absents ont tort ! Rien ne justifie mieux cet axiome que l'abandon où ont été maintenus les ouvriers et les paysans par les anciens régimes.

Le seul moyen pour les populations laborieuses de se relever elles-mêmes de ce long délaissement, c'est la conquête aujourd'hui consacrée du suffrage universel, qui est l'exercice du nouveau droit commun, dérivant de la souveraineté populaire.

Avec le suffrage universel parti du canton organisé, le gouvernement central connaîtra le vœu de la France. Il pourra administrer suivant l'intérêt général de la population entière de la patrie, au lieu de subir exclusivement comme autrefois l'esprit turbulent des villes.

Les mécaniciens politiques qui les premiers inaugurèrent l'exercice du suffrage universel, n'avaient prévu que le fonctionnement matériel du vote d'après un chiffre de population et par fractions artificielles de citoyens.

Ils assimilaient la nation entière aux habitants d'une cité populeuse, et formaient des circonscriptions bâtardes, au lieu de laisser les groupes naturels, les cantons, exprimer librement et individuellement les vœux du pays.

Des publicistes ont ensuite proposé de circonscrire le vote dans la commune ; comme si la commune isolée était aujourd'hui une entité politique suffisamment indépendante pour le libre groupement électoral des citoyens !

On s'est beaucoup élevé, et avec raison, contre l'expédient des candidatures officielles, si largement pratiqué sous le second Empire. Tel était l'exercice hypocrite et cynique alors en vigueur du régime représentatif, ainsi transformé en comédie politique.

La République éphémère de 1848 ne fut pas exempte de ces manœuvres. Ses fondateurs, se défiant du vote populaire, organisèrent aussi, sur la plus large échelle, la candidature officielle par scrutin de liste. Ces listes étaient dressées à Paris et envoyées dans les départements par des commissaires zélés. Elles étaient souvent modifiées, au moyen d'amiables transactions, par l'admission de candidats influents dans leur localité, dont on s'assurait ainsi le concours intéressé. C'était une coalition d'éléments hétérogènes, pour assurer l'élection des candidats officiels, et qui finalement prévalut.

L'élection par scrutin de liste n'est pas bonne, parce qu'elle n'est pas sincère.

Elle n'est pas honnête, à raison des transactions malsaines qu'elle entraîne.

Quelques noms de candidats honorables y sont inscrits pour servir de parrains et de manteaux à beaucoup d'autres moins dignes.

Le peuple, séduit et trompé par la présence sur ces listes de quelques noms qu'il honore, vote de confiance pour la liste entière.

C'est à la faveur de cette manœuvre confuse que s'introduisirent dans les Assemblées des candidats officiels qui n'y eussent jamais pénétré par leur candidature personnelle isolée.

Il résulta de ce stratagème vulgaire que les Assemblées de 1848 et 1849 furent composées en grande partie de républicains des lèvres, et d'une très-faible minorité de républicains du cœur. Elles ne purent constituer une représentation réelle de la nation et, par ce motif, elles furent impuissantes pour fonder sérieusement la République en France.

Le suffrage universel, affranchi des mauvaises pressions officielles, apparaît donc comme le moyen d'assurer le triomphe définitif d'une grande révolution morale dans la condition du peuple. Le suffrage pour l'élection de la représentation nationale trouvera son expression sincère dans le régime de la fédération cantonale. Chaque canton, appelé à se prononcer sur une candidature isolée, votera en toute connaissance de cause pour l'homme qui lui paraîtra le plus digne de sa confiance.

Ce député sera bien le représentant réel de la population cantonale qui l'aura nommé. L'Assemblée nationale, ainsi composée des députés de tous les cantons, sera vraiment la représentation collective et sincère de la France.

Droits politiques des femmes.

Le suffrage universel doit s'exercer avec le concours de la population des deux sexes, dont la réunion peut seule constituer la représentation intégrale et vraie des éléments sociaux.

Le régime représentatif, sincèrement appliqué, doit réparer une omission de toutes nos constitutions antérieures, en ce qui concerne les droits politiques des femmes.

Nos législateurs des temps passés, froidement imbus des doctrines païennes et brutales du droit romain, et insensibles aux influences affectives du souffle chrétien, ont constamment maintenu la femme dans une minorité servile, en l'excluant de toûte participation à la vie politique.

La République fédérale a pour mission de mettre fin à cette grande injustice. Dans le gouvernement direct du peuple par le peuple, pour que la loi soit acceptée et obéie de tous, il faut que les deux sexes de la famille humaine interviennent à titre égal dans son adoption.

Il est vrai que l'état réel d'infériorité mentale où la généralité des femmes a été maintenue, par la volonté despotique de l'homme, ne saurait quant à présent les rendre aptes à la confection des lois. Mais cette infériorité factice, imposée par une jalouse et inique suprématie, disparaîtrait après une génération pendant laquelle toutes les femmes, sans exception, auraient reçu une instruction identique à celle des hommes, dans un enseignement commun.

En attendant que ce prompt résultat ait été obtenu, si la femme, en général, ne peut concourir à la confection des lois, elle est dès à présent en possession d'une intelligence, d'un instinct et d'un tact suffisamment développés pour participer avec l'homme au choix des législateurs.

Ainsi, on peut raisonnablement admettre, en l'état, que l'éligibilité des femmes puisse être différée pendant un certain délai nécessaire, une dizaine d'années, vingt ans peut-être. Mais il serait grandement injuste de leur refuser aujourd'hui le droit électoral dont sont investis déjà les plus humbles pâtres, dépourvus de toute instruction.

On peut donc appliquer présentement le principe légitime que toute femme, placée dans les mêmes conditions d'âge et de capacité que celles où l'homme exerce le droit électoral, est électeur.

L'histoire de tous les temps et de tous les peuples nous offre un éclatant témoignage de la valeur morale et intellectuelle de la femme, quand son front ne reste pas bridé sous le bandeau de l'ignorance. De grandes personnalités féminines ont exercé dans diverses nations une haute influence sur les mœurs et sur les destinées de leur patrie. Tout le monde s'accorde à reconnaître que la plupart des hommes de mérite n'ont souvent atteint un niveau moral élevé que par la salutaire influence de leur mère ou de leur compagne.

Il importe de bannir les préventions orgueilleuses et trop regrettables dont tant d'hommes sont imbus à l'égard de la femme. Il est temps de sortir aussi de certaines fictions mensongères pour rentrer dans la vérité. Vous mentez quand vous représentez la liberté sous l'image de la femme que vous tenez en servitude. En figurant sous ses traits l'emblème d'une République dont elle est exclue, vous mentez encore.

En résumé, si vous n'admettez pas qu'en politique la femme soit l'égale de l'homme avec laquelle elle partage si dignement les épreuves de la vie sur cette terre; si vous l'excluez du concert électoral, votre prétendu suffrage universel est une imposture, et votre devise libérale, égalitaire et fraternitaire, est un triple mensonge!

LIVRE II

LA COMMUNE

CHAPITRE V

Héritière de la tribu primordiale, du municipe romain et de la commune jurée du moyen-âge, la Commune française a pu traverser l'abîme des siècles. Elle est restée longtemps le seul conservatoire, à la vérité bien restreint, des libertés civiles.

On a beaucoup trop vanté ce régime communal qui s'est maintenu intact dans quelques grandes villes, depuis les Romains jusqu'à nos jours. Soyons sincères. Cette vie urbaine qui s'est perpétuée à travers les déchirements des empires, fut constamment égoïste. Elle ne s'est jamais étendue qu'à la cité murée et, comme accessoire, à ses faubourgs. Ses citoyens juraient par serment de défendre leurs franchises, abandonnant les campagnes nourricières au pillage et aux exactions de la guerre. Sans refuge contre les bandes armées, les populations rurales restèrent, par ce motif, complétement indifférentes aux révolutions des villes qui leur vomissaient sans cesse soldats, maltôtiers, fiscaux et sergents (1).

L'histoire nous enseigne qu'aux temps de la Grèce et de

(1) Ancien nom des huissiers, encore usité dans les campagnes.

Rome, et depuis lors, la citadelle a constamment dominé et exploité le peuple des campagnes. Partout la ville absorbait les fruits de l'activité agricole, sans compensation légitime.

Tandis que la commune murée conservait son indépendance relative, la faible population de la commune rurale et son isolement complet la livraient sans défense à la domination despotique et brutale des conquérants.

Le régime communal fondé sur la tradition fut successivement affaibli sous le gouvernement des seigneurs suzerains, et plus tard sous la tutelle des agents du pouvoir central.

C'est ainsi que les efforts isolés des communes restèrent toujours impuissants pour constituer une association nationale. Les conditions d'une nationalité réelle ne pouvaient exister dans un État composé de petites communes fractionnées à l'infini, sans autre lien entre elles que la soumission au pouvoir central.

De là la nécessité de s'appuyer sur un élément supérieur d'agrégation pour construire l'édifice national de la France. Cet élément, c'est le faisceau cantonal.

En effet, dans la fédération des communes au canton disparaissent les inconvénients que l'histoire reproche à la commune : l'esprit de clocher parfois égoïste, souvent féodal. Les aristocrates insistent toujours pour concentrer le vote et la vie politique dans la commune, où domine leur influence. Les petites tyrannies locales sont au contraire neutralisées les unes par les autres dans le groupe cantonal, embryon rudimentaire et générateur de la grande famille nationale.

Il ne s'agit pas de changer les limites territoriales de la commune, ni son mode actuel d'organisation intérieure consacré par les mœurs.

L'institution communale conserverait son existence propre. Elle resterait ce qu'elle était dans le passé, sauf les conditions d'un affranchissement plus complet. Les fonctions de l'édilité attribuées au maire, aux adjoints et au conseil communal seraient librement conférées par le suffrage universel de la commune.

A côté de celles du maire, de nouvelles attributions seraient dévolues par le suffrage universel à un censeur communal. Ce magistrat serait spécialement chargé de l'état et du mouvement individuel de la population de la commune, comprenant l'état civil, matériel, intellectuel et moral de chacun, présent ou absent.

Le censeur communal, investi par le vote populaire, aurait la haute surveillance des mœurs, et fournirait au censeur cantonal dont il sera parlé ultérieurement, les documents de détail nécessaires à l'exercice de ses attributions.

Dès l'apparition du suffrage universel, si promptement dénaturé au profit du pouvoir central, certains publicistes, gémissant de l'état de morcellement et d'infériorité politique de l'élément communal, proposaient de le remanier en formant de *grosses communes*. Que penserait-on d'un législateur qui, dans des vues égalitaires, proposerait de remanier nos familles personnelles, en prenant des frères et des sœurs dans celle-ci pour les répartir dans celle-là ?

Ce ne serait donc pas sans un sérieux danger pour notre ordre social que l'on tenterait de détruire le vieux régime communal qui s'est fait lui-même et que la tradition nous a conservé.

Changer mécaniquement l'échelle communale au point d'absorber, d'effacer la commune elle-même, serait une grande faute, un retour au chaos. Les individus ne seraient plus que des pions sur un immense échiquier. Cela ressemblerait de bien près à ce communisme bâtard, tant de fois rêvé, sorte de râteau égalitaire sous lequel disparaîtraient l'indépendance et la dignité du citoyen.

Ce serait éloigner pour une durée indéfinie la réalisation du noble but qui doit inspirer les esprits constituants, désireux de fonder l'unité nationale en donnant aux paysans la vie politique.

Dans ce système, les agriculteurs resteraient encore longtemps des bandes de troupeaux répandues dans la campagne pour animer le paysage, pour y répandre la rosée de leurs sueurs, et extraire le suc de la terre, envoyé aux villes sans espoir de retour.

Nos vingt-quatre millions de paysans ne seraient pas encore admis dans les rangs du peuple. Le peuple resterait alors ce qu'il a toujours été pour les Gouvernements passés : une masse confuse de prolétaires encombrant les villes; élément mobile qui, soulevé tour à tour par les partis, épouvante le pouvoir; troupe crédule que l'on électrise par quelques paroles magiques, et à laquelle on jette quelques os à ronger quand, à chaque secousse politique, elle manifeste sa volonté et sa puissance.

La nouvelle Constitution républicaine doit répandre sincèrement la vie politique dans le peuple entier de la ville et des campagnes, et surtout dans l'élément rural, océan immense, insensible au souffle des factions. La population réunie de tous les travailleurs de la ville et des champs ne saurait s'agiter qu'en vertu de sa vie propre, et, gardienne définitive d'une Constitution assurant son bien-être, elle la maintiendrait désormais hors de l'atteinte des agitations factices et à l'abri des violentes perturbations suscitées par les ambitions personnelles.

La proposition du remaniement des communes rurales dans un groupement factice était donc une grande erreur.

Les populations n'ont pas besoin d'être réunies par un mécanisme artificiel. Il suffit de régulariser leur groupement libre et naturel d'accord avec la tradition et les mœurs, en respectant l'organisation des communes confédérées au canton.

La commune recevra, dans l'union cantonale, un accroissement de force et d'indépendance qu'elle ne saurait jamais obtenir dans un régime d'isolement. Le régime d'isolement la livre aux pressions des agents du pouvoir central, et, ce qui est plus déplorable encore, il la subordonne sans cesse aux influences personnelles ou collectives des Gros de l'endroit, qui règnent de fait dans les petites communes. La fédération au canton est donc la meilleure garantie de la liberté et de l'indépendance communale.

LIVRE III

LE CANTON

CHAPITRE VI

ADMINISTRATION CANTONALE

L'administration de l'instruction publique, de la justice et de la force publique, étant appelée à un développement considérable dans les cantons de la France régénérée, j'ai cru devoir réserver à chacun de ces trois services un chapitre spécial.

Consul cantonal.

L'administration cantonale serait exercée par un Consul, magistrat supérieur, élu pour quatre ans par le peuple du canton. Il serait le président du Conseil cantonal et le chef de tous les maires du ressort.

Le Consul cantonal recevrait directement du gouvernement central les instructions nécessaires pour l'application des lois et pour les mesures uniformes d'ordre général intéressant tous les cantons de la France. Il recevrait également des instructions spéciales du Commissaire départemental pour toutes les affaires intercantonales du département.

A part cette subordination à l'autorité centrale, nécessaire au maintien de l'unité nationale, le Consul gouvernerait, avec l'assistance délibérative du Conseil cantonal, et conformément aux lois générales de la République, les intérêts spéciaux de son ressort.

A la fois investi par le peuple, et représentant le gouvernement, il concentrerait sous sa direction supérieure les services de l'administration, de la justice, de l'instruction publique, et le fonctionnement des diverses commissions consultatives d'agriculture, d'industrie, d'hygiène publique, de statistique, etc.

Les attributions essentiellement locales du Consul, réclamant sa présence effective et permanente au canton, seraient exclusives des fonctions simultanées de représentant du peuple à l'Assemblée nationale.

Le Consul cantonal, comme les fonctionnaires qui consacrent tout leur temps aux divers services de l'administration publique, recevrait une indemnité pour ses fonctions.

Commissions consultatives.

Auprès du Consul cantonal seraient groupées un certain nombre de commissions consultatives spéciales, destinées à l'éclairer dans les diverses branches de son administration :

Commission d'instruction publique,
— d'hygiène publique et de salubrité,
— d'assistance publique,
— des affaires financières,
— d'agriculture et de subsistances,
— de l'industrie, arts et manufactures,
— des affaires commerciales,
— de voirie et travaux publics,
— de la force publique,
— de statistique générale.

Chacune de ces commissions serait formée de cinq membres compétents, choisis par le scrutin dans le Conseil cantonal, composé lui-même des élus du peuple des communes.

Conjointement avec ses attributions consultatives pour les affaires locales, chacune de ces commissions correspondrait directement avec le Conseil supérieur de sa spécialité, fonctionnant à Paris auprès du Gouvernement, pour l'étude de toutes les questions. Leurs attributions, purement temporaires et éventuelles, seraient gratuites comme celles du Conseil cantonal.

Les présidents de ces commissions cantonales exerceraient les fonctions rétribuées d'inspecteurs dans leur ressort. En outre, ces inspecteurs s'assembleraient en sessions régulières et extraordinaires au chef-lieu du département, avec leurs collègues des autres cantons, pour former des chambres régionales délibérant sur toutes les questions de leur compétence.

Le principe de cette organisation existe déjà et ne demande qu'à être généralisé.

Budget cantonal.

Le budget cantonal, préparé avec le concours de la commission des affaires financières, serait voté chaque année par le conseil cantonal. Il fixerait les dépenses intercommunales, laissant aux communes toute leur indépendance pour leurs dépenses locales.

Il serait fait un départ, à la décharge du budget central de la France, pour régler et localiser les recettes et les dépenses afférentes à chaque canton. Le canton resterait ainsi maître de sa bourse et souverain dans l'emploi des ressources de son ménage intérieur. Chaque canton aurait son percepteur financier, correspondant directement avec le ministre des finances, et placé sous son contrôle pour les services intéressant le gouvernement central.

Marché cantonal.

Le marché cantonal ne serait que la généralisation régulière de ce qui existe déjà dans les foires et les marchés du canton.

Des magasins généraux d'entrepôt seraient établis pour les produits de l'agriculture et de l'industrie, vaste bazar de consignation toujours ouvert à l'entrée et à la sortie. Des dispositions spéciales permettraient à ces établissements de faciliter la consignation sur place pour certains produits.

Banque cantonale.

La banque cantonale n'est que la centralisation des banques locales, sous l'action de la lumière du contrôle public et de la mutualité. Dès-lors plus d'exactions usuraires.

La banque cantonale serait une succursale ou un simple correspondant de la Banque de France et des autres institutions de crédit. Elle aurait surtout pour résultat de faire pénétrer, sous d'incontestables garanties, dans les habitudes des populations rurales, le crédit chirographaire qui a prodigieusement facilité et développé les transactions commerciales dans les centres populeux.

Police cantonale.

La police deviendrait facile avec la fédération cantonale. On peut dire qu'elle serait faite en grande partie par tous les citoyens. Elle se diviserait en deux branches distinctes.

La sûreté publique serait confiée aux maires de toutes les communes et à leur chef, le Consul cantonal, disposant de la force publique.

La surveillance des mœurs serait dévolue aux censeurs des communes et à leur chef, le censeur cantonal. La force publique n'aurait rien à faire dans cet ordre d'attributions qui aurait pour sanction les sentences du tribunal de mœurs, dont il sera parlé au chapitre de la justice.

Travaux publics.

Les travaux publics, la voirie, les édifices publics et les diverses propriétés cantonales seraient surveillés par un conducteur spécial du génie, sous le contrôle technique de l'ingénieur en chef du département.

Journal du canton.

Le journal du canton serait une entreprise libre, sans autre obligation que celle de publier les actes officiels de l'autorité locale et du gouvernement.

Il reproduirait officieusement un résumé succinct des cours publics du collége cantonal, pour l'édification des personnes qui n'auraient pas la possibilité d'y assister.

La rédaction de ce journal ne serait pas coûteuse. Ce serait une sorte de tribune libre, alimentée par les professeurs du collége, par les membres de l'Institut cantonal et bon nombre de personnes de bonne volonté qui fourniraient avec empressement le contingent de leurs lumières à leurs concitoyens.

Tribunat cantonal.

Pour aider et préparer le fonctionnement du suffrage universel, dans chacun des cantons de la République, il paraîtrait utile d'établir, à côté du Conseil cantonal et de l'Institut, un Tribunat libre, organisé par le concours spontané des citoyens.

Ce tribunat serait une assemblée de tous les habitants du canton qui voudraient se réunir pour s'occuper des affaires publiques. Il serait dirigé par un comité d'une trentaine de membres élus par cette assemblée.

Les séances du tribunat auraient lieu, sur convocations publiques, tous les mois et à des intervalles plus rapprochés quand cela serait nécessaire.

La tribune y serait ouverte à toutes les personnes qui auraient préalablement saisi le bureau de leurs propositions, classées en ordre du jour. On y discuterait toutes les questions politiques et économiques, générales et locales, du présent et de l'avenir.

Ces réunions, organisées avec un ordre régulier, donneraient aux ambitions locales une satisfaction légitime, et seraient en même temps un correctif suffisant pour les ambitions de mauvais aloi qui s'imposaient violemment au public, à la faveur du désordre malsain des clubs.

Assistance publique.

Dans l'organisation cantonale, l'assistance publique serait

exercée en famille, avec le caractère de solidarité fraternelle que comporte le régime fédéral.

Les assurances mutuelles pour les risques de toute nature, la pension de retraite pour la vieillesse, œuvres à peine ébauchées sous les précédents régimes, recevraient ici la plus large application.

En outre, un bureau public serait ouvert en permanence dans toutes les mairies pour l'inscription de l'offre et de la demande du travail et des produits, correspondant avec tous les cantons de chaque département.

La plupart des Français vivent et meurent dans leur canton natal; mais un assez grand nombre changent de résidence. Tout citoyen devrait exercer de préférence ses droits politiques dans le canton où il aurait fixé son domicile. Quant au droit d'éligibilité aux fonctions de représentant du peuple, il devrait pouvoir être exercé dans tous les cantons de la République.

Ce n'est pas ici le lieu d'aborder le détail des institutions sociales dont les bases devraient être élaborées d'abord par les Assemblées cantonales. Sans doute, la plus large application du principe fédéral serait faite à toutes ces institutions, surtout pour celles qui auraient à régler les conditions générales du travail, sous réserve de la liberté des contrats.

CHAPITRE VII

MŒURS PUBLIQUES

Contrôle public sur les mœurs.

Quand le législateur songe à modifier les lois générales d'une nation, il doit avant tout jeter un regard sur les mœurs. Toute loi imposée d'autorité, sans connexion directe avec les mœurs, est artificielle ou précaire.

Au contraire, tenez pour certain que toute loi qui découlera des mœurs ou qui s'y rattachera, sera acclamée et obéie.

Le législateur qui aime véritablement sa patrie devra s'efforcer avec un soin extrême de séparer le bien du mal, et de développer tous les germes féconds, apparents ou latents, qui sont en préparation dans les entrailles du peuple.

Oui, le peuple aime le bien, et il l'honore quand il se produit, avec le même empressement qu'il apporte à flétrir le mal.

La cause principale du maintien de la moralité chez le peuple des campagnes, c'est le contrôle réciproque exercé sur la vie et les actes de chacun, par suite d'un contact mutuel et incessant.

Dans les villages, les hameaux et dans les domaines voisins, comme dans les fabriques isolées, chacun agit sous la surveillance d'une opinion publique éclairée. Le bien et le mal sont toujours transparents, et le mal ne peut dès lors se produire que dans une mesure bien restreinte.

Quelle police en effet serait comparable à ce contrôle effectif de tous sur chacun et de chacun sur tous?

Cette surveillance permanente de l'opinion générale est donc l'élément préservateur du mal. Elle est la meilleure garantie de la probité publique et privée. C'est à son action constante qu'il faut attribuer le maintien de l'honnêteté et des mœurs loyales chez les paysans et les ouvriers.

Elle est tellement efficace que lorsqu'un homme commet des actes contraires à la probité, il ne peut plus rester au pays; chacun le montre du doigt. Il faut qu'il parte, pour se réfugier dans un centre populeux où, n'étant pas connu, il puisse cacher à la fois sa honte et ses mauvais desseins.

Ce contrôle public des mœurs n'existe pas, à beaucoup près, dans les grandes villes où tant de gens accourent pour y jouir à leur aise de la liberté... de faire le mal. Car la liberté de faire le bien n'a pas besoin de se cacher : elle aime la lumière du grand jour et peut s'exercer partout.

Censeur cantonal.

Les fonctions de censeur cantonal, à la fois honorifiques et effectives, seraient attribuées par le suffrage universel du canton au citoyen digne de l'estime publique par une longue carrière de probité et de vertus éprouvées.

Ce magistrat, représentant de tous ses concitoyens devant la morale, résumerait le travail permanent des censeurs communaux dont il serait le chef immédiat.

Il tiendrait le registre civil où chacun serait inscrit avec les renseignements utiles sur son passé et son présent. Il aurait, comme les censeurs communaux, le droit et le devoir de rechercher la conduite et les mœurs scandaleuses des habitants.

L'action directe du censeur cantonal auprès des familles et des individus s'exercerait d'abord par le conseil intime, le conseil itératif; enfin par la réprimande simple et, au besoin, la citation à huis clos devant le tribunal de mœurs.

Il resterait à examiner si, au point de vue des convenances, il ne serait pas bienséant de conférer aussi, par le suffrage public, des fonctions analogues à une femme distinguée par sa sagesse. Chaque commune, chaque canton, aurait ainsi sa marraine, à côté du censeur.

Au moyen de ce mécanisme paternel qui ne pourrait déplaire qu'aux vauriens, une saine police de famille serait exercée entre tous les intéressés de la tribu cantonale. Par là les fonctions malsaines des commissaires de police des anciens régimes seraient supprimées, avec leur cortége d'espions et mouchards.

Le censeur cantonal serait le lien naturel entre les habitants du canton et les membres absents de la famille cantonale.

Enfin, il exercerait les fonctions de ministère public près le tribunal de mœurs du canton, dont il sera parlé ci-après. Ses fonctions seraient gratuites. Il serait assisté d'un secrétaire rétribué.

La société envahie par la bohême.

Devant la censure libre des citoyens disparaîtrait un élément social nouveau qui a pénétré notre monde français, et en particulier les classes supérieures; élément dissolvant et démoralisateur, dont les grandes villes ont plus à souffrir que les campagnes, et que l'on est convenu d'appeler la bohême.

La bohême, éclose depuis une quarantaine d'années, est parvenue à sa plus odieuse expansion sous le second empire. La bohême n'était d'abord que la tribu éparse, l'armée roulante, comprenant quelques pauvres artistes, aux mœurs païennes tant soit peu déréglées.

A la faveur d'une littérature toute spéciale, la bohême a pénétré peu à peu dans la presse, et a contraint le public de compter avec elle. Il lui fallait de l'argent; elle se faufila à la Bourse où elle en récolta. Elle inonda de ses expédients le monde des affaires où elle fit un grand nombre de dupes. Elle fonda, sous la forme d'institutions financières, de vastes écumoires pour écrémer la fortune publique. Elle organisa, par des réclames effrontées et les combinaisons les plus audacieuses, la tonte en grand de la fortune privée. Munie d'un levier irrésistible, elle sut glisser à côté de la justice, en s'assurant d'indulgentes sentences, et marauda habilement sur les confins du code pénal. De pauvre qu'elle était, devenue la bohême dorée, elle s'étala dans les salons, pénétra dans les premiers corps de l'État et régna à la cour. On peut dire que ses débauches de toute nature contribuèrent pour une bonne part à accélérer la ruine du régime impérial. C'est à l'influence de la bohême sur les classes supérieures qu'il faut attribuer la démoralisation profonde dont les conséquences pèsent aujourd'hui si honteusement sur la patrie. La bohême, c'est le mal souriant. C'est le mal dépouillé du masque de la cautèle, arborant avec effronterie la bannière du cynisme.

La bohême, d'origine essentiellement parisienne, a pu, de proche en proche, gagner la province, mais elle n'a pas pénétré dans les campagnes. Elle est mal à l'aise au grand jour de la solitude. Elle aime à cacher ses ébats équivoques dans le milieu d'une foule nombreuse où elle se dérobe à la surveillance.

Les agissements honteux et de plus en plus malfaisants de la bohême démontrent l'impérieuse nécessité de disposer dans un meilleur ordre de groupement la population des grandes cités.

Le classement est la base fondamentale de l'ordre. Que penserait-on d'un administrateur qui jetterait toutes les pièces de ses dossiers pêle-mêle au fond d'un unique et vaste tiroir? Que penser aussi d'un pharmacien qui verserait prosmiscuement dans un même vase les substances variées de ses divers médicaments? Il en résulterait évidemment une confusion funeste dont le groupement désordonné des villes très-populeuses nous offre un peu l'exemple.

Le meilleur remède à cette situation, ce serait de faire pénétrer le contrôle public dans la vie des grandes villes, à l'instar de ce qui se pratique naturellement dans les campagnes.

Organisation du régime cantonal dans les grandes villes.

Si l'organisation cantonale était adoptée en France, comme élément générateur de la vie politique, il deviendrait indispensable de grouper les grandes villes suivant un type analogue.

Un grand nombre de nos cités, déjà divisées en plusieurs cantons, contiennent en germe le principe de l'organisation cantonale. Il suffirait d'en compléter et généraliser l'application.

En ce qui concerne Paris, les subdivisions administratives sont arbitraires et artificielles, comme les compartiments d'une immense bergerie.

Dans des arrondissements de cent mille habitants, subdivisés en quartiers de vingt à vingt-cinq mille âmes, les citoyens ne se connaissent aucunement les uns les autres. Chacun échappe complétement à ce contrôle de l'opinion publique dont l'action salutaire, si appréciée dans les populations clairsemées de province, est un élément nécessaire de la vie sociale.

Il s'agirait de constituer dans Paris des communes réduites à un groupe restreint de population, quatre ou cinq mille habitants par exemple, dans lequel les citoyens se connaîtraient mieux entre eux et seraient sans cesse en contact pour les besoins variés de la vie communale.

Paris contient dans ses vingt arrondissements quatre-vingts quartiers dont chacun pourrait former un canton divisé en cinq communes. On créerait ainsi environ quatre cents communes de quatre à cinq mille habitants, formant chacune un groupe de cent cinquante à deux cents maisons, avec son édilité complète : maire, adjoints, conseil communal, écoles, et toutes les institutions propres aux autres communes de France.

Un tableau spécial, placé par les soins du censeur public à l'entrée de chaque maison, offrirait l'état nominal et par famille de tous ses habitants. Il en serait ainsi dans toutes les villes. Un état général résumerait ces tableaux.

Les quatre cents communes de Paris seraient ensuite groupées par cinq environ pour être confédérées en quatre-vingts cantons de vingt-cinq mille habitants chacun. Ce seraient de gros cantons, comparés à ceux de province dont la population moyenne est de huit à dix mille âmes.

Chacun de ces quatre-vingts cantons et ceux des autres grandes villes, auraient, comme tous les autres cantons de France, leur existence propre, leur administration et leur Conseil cantonal formé des conseils communaux des cinq communes confédérées à ce canton. Il élirait souverainement son Consul, son censeur public et son représentant à l'Assemblée nationale.

Pour centraliser l'administration matérielle de la grande ville et maintenir l'unité dans l'ensemble des travaux et services publics de l'édilité générale, un Gouverneur central, élu par le peuple, correspondrait avec les Consuls de tous les cantons. Il serait assisté du Conseil général de la cité, formé par la fédération des quatre-vingts Consuls cantonaux de Paris.

Une semblable organisation, adaptée à Paris et aux grandes villes de la France, aurait pour résultat, d'abord de stabiliser les populations, d'alimenter la vie politique, en appelant sans cesse les citoyens à se prononcer sur leurs nombreux intérêts aujourd'hui négligés; enfin elle introduirait dans les mœurs publiques et privées ce contrôle mutuel qui a manqué jusqu'à présent et qui est la meilleure garantie de l'ordre moral.

L'administrateur et l'administré seraient en contact direct, et les citoyens s'administreraient pour ainsi dire eux-mêmes. Un maire d'une commune de quatre ou cinq mille habitants, les connaissant presque tous et bien connu d'eux, serait un magistrat autrement utile et populaire que ne le sont les vingt grands mandarins présentement chargés d'administrer vingt arrondissements peuplés chacun de cent mille habitants.

L'organisation communale et cantonale, ici proposée pour les grandes villes, substituerait partout le règne de la lumière et de la vérité au régime désordonné de l'inconnu qui ne profite qu'aux mauvais. Dans cette atmosphère transparente, la bohême serait désorientée, et les bandes de vauriens, grands et petits, qui viennent cacher dans l'obscurité de la foule leur immoralité et leurs méprisables méfaits, s'amenderaient forcément. Paris et les autres grandes cités seraient alors habités par un véritable peuple, vivant dans un milieu d'ordre moral, au lieu de la multitude confuse et bigarrée que nous voyons maintenant. Ce serait la pratique réelle de la liberté dans l'ordre, succédant à la licence désordonnée qui, par une logique fatale, nous a constamment conduits au despotisme. Ce serait en même temps le tombeau de l'intrigue et de la fraude, et la ruine des coquins.

Le seul obstacle sérieux à cette organisation tutélaire, dans tous les cantons de la République, et surtout dans les villes, c'est la paresse. La paresse est moins une propension naturelle à l'homme qu'une habitude éducative et traditionnelle. Quelques personnes diront peut-être : « Mais votre Gouvernement direct du peuple par lui-même nous donnera bien de la besogne ? » Ces personnes sont assurément indignes de la République. Elles regrettent le vieux régime social des troupeaux, des bergers et des chiens, où chaque esclave était déchargé du souci de s'occuper de lui-même. Que penserait-on d'un homme auquel incomberait une belle fortune, et qui la refuserait pour s'éviter la peine de l'administrer ?

Cette paresse traditionnelle qui consiste à abandonner notre sort au gouvernement, et à tout attendre de lui comme d'une providence, est le plus triste héritage que nous ait transmis le monde romain.

La paresse ! c'est l'absence de courage ; c'est la lâcheté ;

c'est l'abdication de toute dignité personnelle. Le travail, loin d'être un châtiment, comme le croyaient nos sociétés à leur berceau, le travail libre, c'est le saint exercice de notre souveraineté individuelle.

Il ne suffit pas de décréter le régime de la liberté, il faut la faire vivre. C'est une œuvre laborieuse. La liberté ne peut s'exercer sans l'ordre ! L'ordre, qui est l'expression pratique de la justice, ne saurait fonctionner de lui-même. Il exige que tout le monde s'en mêle un peu ; et c'est à ce titre que l'on peut dire que chaque citoyen est, dans une certaine mesure, fonctionnaire public. L'ordre n'est donc possible qu'avec le consentement et le concours de tous. Le lien fédéral, capable d'en assurer l'exercice, est donc l'accord nécessaire qui peut conduire à l'harmonie.

Il existe aujourd'hui en France 2,938 cantons. Le remaniement cantonal des villes, tant à Paris que dans les départements, produirait un excédant de 280 cantons nouveaux. En sorte que le nombre de tous les cantons fédérés dépasserait 3,200. Ils seraient administrés sans effort par près d'un million de citoyens, exerçant tour à tour les fonctions gratuites de conseillers, juges assesseurs et arbitres cantonaux.

Aménité dans les mœurs.

Le sentiment égalitaire n'a jamais eu en France cette expression rude qui est le propre des Républiques antiques, ni le sans-gêne des Américains.

Ce n'est pas dans les Républiques étrangères que nous devons chercher des modèles de civilité. C'est en nous-mêmes.

Contrairement à d'autres pays, tels que l'Allemagne, où la politesse est cauteleuse et servile, en France la politesse s'exerce sans hypocrisie. Jamais la France n'abdiquera cette aménité exquise qui la distingue entre les nations. Au contraire, nos formes polies se maintiendront toujours dans une société qui veut porter au plus haut degré le respect de la dignité humaine.

Le progrès des mœurs polies qui nous conduit à l'égalité ne sera pas lent à pénétrer chez les paysans et les ouvriers. Les vieilles habitudes de servilité qui les rendaient si obséquieux et si humbles envers leurs anciens maîtres ayant disparu, ils seront d'autant mieux disposés à être polis envers les autres qu'ils désireront, par réciprocité, être l'objet des mêmes politesses.

CHAPITRE VIII

LA JUSTICE

Dans un État libre, où tous les fonctionnaires publics sont réputés les serviteurs du peuple, il convient que l'administrateur soit rapproché, autant que possible, des administrés, afin d'éviter à ceux-ci des déplacements difficiles et toujours onéreux.

D'où naît la nécessité de répartir dans les cantons, à la portée de tous les citoyens, les agents de l'autorité civile et judiciaire, au lieu de les concentrer dans les grandes villes.

L'ancien tribunal du *Pagus* (pays) remonte à nos origines nationales. Sa reconstitution sur de plus larges bases, dans le groupe cantonal qui est l'ancien *Pagus*, se trouverait donc à la fois d'accord avec l'induction historique et avec la persistance de nos mœurs.

Il convient d'énumérer sommairement les principaux éléments de cette organisation judiciaire.

Tribunal arbitral.

L'arbitrage a depuis longtemps pénétré dans nos mœurs. Il ne reçoit encore d'application que là où le droit écrit paraît insuffisant. Il s'agirait d'en généraliser l'exercice.

Un grand nombre de différends entre citoyens, actuellement déférés aux tribunaux civils, pourraient être résolus par voie arbitrale.

Le tribunal arbitral serait composé d'une trentaine de citoyens, versés autant que possible, quelques-uns dans les éléments du droit, les autres dans la pratique des affaires, élus par le suffrage universel du canton. Leurs fonctions, très-peu absorbantes d'ailleurs, à raison de leur nombreux personnel, seraient gratuites. Ces arbitres siégeraient alternativement par groupe de cinq, pour entendre les parties et concilier les intérêts en litige.

Toutes les affaires civiles et commerciales leur seraient soumises en premier ressort, et celles qui ne pourraient être résolues par voie arbitrale seraient déférées aux tribunaux compétents.

On est fondé à présumer qu'un grand nombre d'affaires étant ainsi conciliées gratuitement par le tribunal arbitral, la besogne du tribunal civil serait beaucoup simplifiée.

Tribunal civil.

En vue de rapprocher la justice des justiciables, le tribunal civil, installé au chef-lieu du département, serait pourvu d'un personnel suffisant pour faire, chaque mois, une rotation à tour de rôle dans tous les cantons. On comprend combien le service de ce tribunal serait réduit par l'exercice préalable du tribunal arbitral.

Justice criminelle.

La justice correctionnelle et criminelle continuerait d'être attribuée aux tribunaux constitués aux chefs-lieux de département.

Tribunal de mœurs.

L'importance de cette institution nouvelle, qui n'est autre chose que la transformation de la justice de paix, exige ici un développement spécial (1).

Dans l'état actuel des transactions privées entre les hommes, il se produit beaucoup de faits d'indélicatesse que la morale ré-

(1) J'avais saisi la commission d'organisation judiciaire de la question traitée dans ce paragraphe dès le 30 septembre 1870.

prouve, et très-souvent même des faits contraires à l'honneur, non qualifiés délits, et qui échappent à l'action réparatrice des tribunaux présentement constitués. Ces méfaits regrettables se multiplient surtout parmi des hommes pourvus d'une certaine éducation, dont ils abusent parfois pour faire des dupes.

A raison de l'influence que ces personnes peuvent exercer par leur position, il y a là un vrai danger social, danger permanent, qu'il importe de conjurer au plutôt.

C'est donc une impérieuse nécessité de prémunir la société contre les méfaits de cet ordre, dont l'impunité conduirait à une véritable dépravation des mœurs.

La précieuse institution de la justice de paix, telle qu'elle est organisée, est insuffisante à cet égard. Il y aurait donc lieu de la modifier, en élargissant ses attributions, son personnel et son action. On pourrait facilement la décharger de certaines attributions qui rentreraient dans celles du tribunal civil desservant le canton, et on élèverait ainsi la justice de paix aux fonctions paternelles et tutélaires d'un *Tribunal de Mœurs*.

Ce tribunal serait composé, dans chaque canton urbain ou rural, d'un juge-président (le juge de paix actuel) nommé par le ministre de la justice, et de trente juges-assesseurs, désignés par l'élection parmi les hommes en possession de l'estime de leurs concitoyens.

A l'exception d'indemnités nécessaires pour le service spécial du président et des greffiers, les fonctions de ces juges-assesseurs seraient gratuites, comme celles du tribunal arbitral et du jury d'assises. On trouverait assurément dans tous les cantons des citoyens disposés à sacrifier chaque semaine quelques heures de leur temps à l'intérêt public. Il n'y aurait donc, de ce chef, aucune augmentation du budget national.

Les audiences seraient publiques, hormis les cas spéciaux exigeant le huis-clos, et seraient tenues par le juge-président et deux juges-assesseurs au moins, lesquels seraient relevés à tour de rôle, à chaque audience.

Le censeur cantonal remplirait les fonctions de ministère public auprès de ce tribunal de mœurs.

Le tribunal connaîtrait de toutes les plaintes ou contestations d'ordre moral entre les citoyens. La pénalité, exempte de prison et d'amendes, consisterait principalement dans une sorte de pilori moral : l'affichage des sentences aux portes des mairies et dans les journaux.

Quand on verrait des sentences telles que celles-ci :

Différend entre les citoyens tel et tel, au sujet de ceci ou de cela. Le tribunal déclare que :

Tel citoyen s'est rendu coupable d'*indélicatesse* ou de *mauvaise foi*, etc.

Tel citoyen a commis un acte *contraire à l'honneur* ou *à la probité*, etc.

Cette publicité serait une peine suffisamment correctionnelle et d'une grande efficacité préventive. Une telle expectative retiendrait assurément bien des hommes sur la pente du mal. Beaucoup de vauriens aux grands airs courberaient la tête sous cette influence disciplinaire.

Les petits crimes non qualifiés, les fraudes occultes qui s'accomplissent contre la fortune ou l'honneur des citoyens, surtout dans les grandes villes, et dans toutes les conditions sociales, sont innombrables. Presque tous ces méfaits sont hors de l'atteinte des tribunaux ordinaires, dans l'état actuel de la jurisprudence. Il y a donc là une lacune importante à combler. Le tribunal ici proposé, véritable jury de morale, sagement constitué, aurait sur les mœurs une influence tutélaire incalculable.

Beaucoup de conflits, pour insultes et outrages entre citoyens, pourraient même être résolus par de simples excuses publiques, sincèrement offertes et acceptées devant un tel tribunal. Ce serait, entre autres choses, une solution heureuse de cette triste question des combats singuliers, barbarie décorée du nom de duel, et que repousse une honnête civilisation.

Le régime républicain a pour mission permanente d'honorer le bien, flétrir le mal. Le mal ne pouvant se produire que dans l'ombre, la simple pénalité du pilori public est le seul remède efficace à lui opposer. La meilleure juridiction pour les malfaiteurs dont on se préoccupe ici sera toujours celle de leurs propres concitoyens.

Il m'a semblé utile de signaler cette lacune facile à combler, à l'aide d'un moyen pratique pouvant agir utilement sur les mœurs, sans porter aucune atteinte ni à la fortune ni à la liberté des citoyens.

Je suis loin de partager l'avis de certains philosophes, qui prétendent que l'opinion publique spontanée serait un contrôle et un correctif suffisant pour les mœurs. Nous voyons combien cette doctrine du laissez-faire a produit de démoralisation depuis un demi-siècle. Il me paraît urgent que la société organise, en vue de l'ordre moral, une action vigilante et sérieuse, sanctionnée par une pénalité analogue, sinon identique à celle dont je propose l'adoption. Une telle institution me paraît capable de donner à la moralité publique des garanties suffisantes et que, jusqu'à présent, nous n'avons pas eues.

Droit de grâce.

Le droit de grâce en faveur des condamnés fut de tout temps une prérogative régalienne, dévolue au souverain.

Dans un État libre, fondé sur le principe de la souveraineté populaire, le droit de grâce appartient virtuellement au peuple.

Mais pour que l'exercice de ce droit soit efficace, il importe que le gracié et le souverain soient unis par les liens d'une fraternelle solidarité.

Ces liens de solidarité morale peuvent exister naturellement entre le gracié et ses compatriotes du canton natal.

On peut donc admettre qu'un citoyen condamné par les tribunaux à une pénalité quelconque, pour crimes ou délits, soit réclamé à la justice par le Consul et le député du canton natal, afin de soumettre son sort au suffrage du peuple assemblé.

Quand le peuple du canton aurait voté la grâce du condamné, le gracié ne serait plus, dans ce cas, abandonné à lui-même, ou placé sous la surveillance de la police, ainsi que cela était pratiqué sous les régimes disparus.

L'exercice du droit de grâce impliquerait l'*adoption* du gracié par son canton natal, pour y vivre libre au milieu de ses concitoyens, comme un frère égaré rentré dans sa famille.

Il serait rendu à la liberté par le Consul cantonal, dans une séance solennelle, avec une formule bienveillante, à peu près en ces termes :

« Nous t'avons vu naître. Nous te connaissons. Tu as eu le « malheur d'oublier un instant les préceptes salutaires du Dé- « calogue, et la justice sociale t'a puni. Nous t'avons réclamé « comme étant nôtre, et nos bras se sont ouverts pour te recevoir « en frère. Chacun de nous se fera un devoir de te faciliter les « voies de l'amendement, et, quand tu auras justifié, par une « sérieuse épreuve, de ton retour sincère vers le bien, nous pro- « clamerons avec bonheur ton honorabilité reconquise. »

Une fête publique succéderait à cette cérémonie, et le gracié serait reconduit jusqu'à la demeure du citoyen qui lui aurait assuré son premier asile.

Il serait pourvu à son existence au moyen de son travail personnel, suivant ses aptitudes et ses préférences, et provisoirement par des secours fournis sur la caisse cantonale. Au lieu de le repousser des ateliers de travail, comme cela arrivait autrefois, tout bon citoyen s'empresserait de lui tendre la main. Quiconque serait assez inhospitalier pour se rendre coupable d'offenses ou injures envers l'hôte du canton serait sévèrement puni. Le gracié lui-même comprendrait tout le prix du nouveau lien fraternel qui l'attacherait à ses concitoyens, et il redoublerait d'efforts pour racheter un mauvais passé par cette heureuse purge morale.

Après cette purge morale prolongée pendant un délai plus ou moins long, suivant la nature du délit, trois ou cinq ans par exemple, d'une vie sans reproche, le gracié pourrait être admis à l'honneur de la réhabilitation.

Cette réhabilitation, proposée par le Conseil cantonal et le procureur général de la cour, aurait pour sanction finale le suffrage universel du canton, et serait promulguée en France par le ministre de la justice.

Le gracié ainsi réhabilité serait libre alors de résider dans son canton natal ou dans tout autre canton.

En cas de récidive du gracié réhabilité, il ne pourrait plus être réclamé par son canton, et il devrait subir sa peine dans un lieu de déportation, hors du territoire de la France.

Le droit de grâce exercé par le canton, et la purge morale à laquelle le gracié serait soumis dans les meilleures conditions de fraternité, ouvriraient toutes les voies de l'amendement et apporteraient une modification profonde dans les conséquences du système pénal de la justice actuelle.

CHAPITRE IX

LA SCIENCE

La science dans le passé.

La science n'a jusqu'à présent que trop existé par elle-même et pour elle-même. Considérée, dans un État despotique, comme nuisible à un régime qui ne peut soutenir la lumière de la discussion, la science, éloignée en quelque sorte de toute fonction active, n'était à peu de chose près qu'une lettre morte.

Longtemps privée d'expansion extérieure, se repliant sur elle-même, elle renfermait son mouvement dans le cercle de la vie spéculative.

S'échappant des langes de la controverse du moyen âge, elle jeta dans le seizième siècle cet éclat lumineux qui fut l'aurore des révolutions modernes.

Enfin, dans une société basée d'abord sur la noblesse et, plus tard, de nos jours, sur la Plutocratie, le pouvoir, pour contenir la science trop disposée à s'émanciper, l'avait enfermée dans une cage dorée, en fondant une *aristocratie scientifique,* hors de laquelle il n'y avait aucun salut ; sorte de paradis fermé aux intelligences assez rebelles pour donner à la science une expansion humanitaire. Comme la religion, comme la politique, la science aussi compta d'illustres proscrits, de nobles martyrs.

L'isolement de la science a été porté à un tel point que des penseurs demi-sérieux, puisant leurs preuves dans l'insuffisance de la science pour remédier aux maux présents, ont été jusqu'à se demander si, au point de vue du bonheur public, elle était utile? Il est bien vrai que, privilége d'un petit nombre d'élus, son utilité dans le corps social était faible, sinon douteuse; et un gouvernement aristocratique pouvait assurément s'abstenir de la propager.

Qu'y a-t-il en effet de plus favorable à l'ordre hiérarchique fondé sur l'influence nobiliaire ou pécuniaire, que de ramener les populations à leur primitive bonhomie? Plus le mouton sera stupide, plus il sera facile à tondre. La science la plus utile à de tels gouvernements serait celle qui résoudrait ce problème : obtenir des races de poules assez dociles pour se laisser plumer vivantes sans crier.

Neutralité de la science.

Ce fut dans le cours du dix-huitième siècle que nos savants, abandonnant le ciel alors ténébreux de la métaphysique et de l'alchimie, sont entrés sérieusement dans la voie de l'analyse.

La classification, fille aînée de l'analyse, fut portée au plus haut degré, même par d'illustres contemporains qui lui ont consacré leur existence entière.

La spécialité, à son tour fille de la classification, est devenue le mode spéculatif de notre temps. La science lui a emprunté son caractère essentiel, et tout le mouvement intellectuel s'en est ressenti.

En effet, appréciant les avantages de la spécialisation dans une œuvre collective, égaré peut-être par la démonstration si trompeuse de l'analogie offerte par la division du travail dans l'industrie, le savant a constitué chaque subdivision, chaque rameau de la science en autant de corps de doctrine, dans chacun desquels il s'est enfermé comme dans une citadelle murée. Il en est résulté cette création singulière de certain savant de nos jours, si distinct du savant universaliste de l'antiquité : celle d'un être érudit au plus haut degré dans la matière de sa spécialité, naïf au même degré dans toutes les autres.

On conçoit que le savant, réduit à cet état, ne pouvait pas être très-utile aux gouvernements. Par le même motif il ne pouvait pas leur être nuisible. De là une regrettable neutralité de la science.

Aux siècles de la renaissance intellectuelle, la science métaphysique avait entraîné la pensée vers l'origine, la vie corrélative et la destinée de l'humanité. Par son essor philosophique elle ébranlait alors les gouvernements et tenait la clé des révolutions.

Aujourd'hui la direction analytique a réduit la science à une existence tellement fragmentaire, que son influence est presque annulée, comme force directrice dans les affaires publiques.

En laissant le champ ouvert à la spécialité, les gouvernements des rois savaient très-bien que la spécialité dans la science, c'est l'*isolement des intelligences*, de même que l'égoïsme est l'*isolement des cœurs*.

Aussi la spécialité a-t-elle été prônée par des rhéteurs officiels comme la méthode finale de l'enseignement humain. En effet, spécialiser, c'est isoler et diviser les hommes. Et pour les despotes, on le sait : *diviser*, *c'est régner*.

Tendances vers la synthèse.

La science, débarrassée des entraves scolastiques, après avoir travaillé isolément dans l'analyse, ne commença à se constituer que lorsque l'idée de relation eut prévalu ; quand la pensée vint d'étudier dans les sciences physiques leur caractère propre et différentiel.

Dans cet examen des rapports la confusion cessa. Les sciences, tout en conservant leur parallélisme défini, firent un grand pas vers la synthèse. En même temps la philosophie, désolée et oscillant sans foi dans un éclectisme un instant triomphant, reprit plus que jamais sa noble marche vers l'unité religieuse.

La science sociale elle-même, reléguée longtemps dans la

politique, a dû subir le même travail d'entrailles. Elle a dégagé la société et l'individu des classifications artificielles et arbitraires. Des écoles sont sorties de ce retour vers l'ordre naturel, soit que l'on étudiât l'homme et la société au point de vue spéculatif, soit que l'on envisageât l'un et l'autre à leur point de vue actuel et réel. De là sont sorties les écoles individualistes et communistes, avec le cortége de leur antagonisme.

Chacune d'elles a procédé par la méthode de négation réciproque. Cette méthode aboutit à prouver non la négation, mais la corrélation intime de deux principes considérés jusqu'alors comme antagonistes.

Ces deux écoles se sont absorbées mutuellement dans une doctrine mieux définie qui, relevant la dignité de l'individu, a consacré l'entité d'une science sociale fondée sur des principes inséparables : l'individualisme et le communisme. Dès-lors on y vit plus clair. On reconnut que ces deux principes, jusqu'à présent jugés antagonistes, n'étaient opposés qu'en apparence et constituaient deux fonctions, deux aspects distincts d'un même tout : l'état social.

D'où il résulte que, pour un sage républicain, tout citoyen doit être à la fois dans la grande famille nationale, *commun et parsonnier*, comme disent avec raison les paysans du centre de la France.

Toutefois, des esprits synthétiques et libres, gémissant des déplorables tendances vers l'isolement, réunissaient leurs généreux efforts pour les combattre et pour relever la bannière des encyclopédistes. Ils conseillaient au peuple l'association et aux savants la réunion de toutes leurs forces divergentes dans une commune synthèse.

Ce cri d'association a été plusieurs fois compris par le peuple, et ce principe a triomphé souvent dans des jours de luttes révolutionnaires. Puisse ce triomphe être consacré par de sages lois, et prévenir de nouveaux combats !

Mais la science est restée trop sourde encore à la voix de la synthèse. Elle a perdu de belles occasions de faire entendre sa parole suprême, et le champ reste ouvert plus que jamais à la spécialité, si favorable à l'aristocratie. La spécialité nous mènerait plus loin que la maîtrise! Favorisée, sanctionnée même par un gouvernement central, elle nous conduirait à un ordre social plus dangereux, plus oppressif que le régime castiforme de l'ancienne Égypte.

C'est l'esprit frappé de cette regrettable neutralité de la science ; c'est en examinant les trésors de ce riche et puissant inventaire intellectuel de la nation, trésors accumulés au prix de tant d'efforts, et pourtant immobilisés dans les corps scientifiques et dans nos collections publiques ; c'est en contemplant de loin la fumée de ce feu sacré de la science, confié à la garde d'un petit nombre d'élus qui l'entretiennent pour s'y réchauffer seuls, que l'on pourrait dire :

« Si les savants voulaient agrandir le cercle qu'ils forment au-
« tour de l'autel de la science, s'ils nous laissaient approcher de
« son saint foyer, ne pourrions-nous pas nous y chauffer tous ? »

Sans doute il existe plusieurs moyens de rendre la science populaire et d'utiliser au profit de la société entière,

> Tout ce savoir qui ne la défend pas.
>
> *Béranger.*

Je n'ose pas espérer d'indiquer le meilleur moyen de vulgariser la science. Je crois faire mon devoir de patriote en proposant celui qui me paraît praticable dans une société égalitaire. Que chacun en fasse autant, et le remède sera trouvé.

On a déjà tenté de vulgariser, de populariser la science, d'abord en apprenant au peuple à lire dans des manuels spéciaux, plus tard en l'appelant à des cours publics. Ce fut une œuvre humanitaire, méritant toute la sollicitude des gouvernements libéraux, mais qui conserve toujours à la science un certain caractère d'isolement.

Ainsi dirigées par l'initiative privée, les sciences marcheraient bien, il est vrai, sans divergences et sur des voies parallèles, mais sans se rencontrer, sans lien commun qui leur permette de se donner la main et de se prêter un mutuel appui.

Les bonnes théories se transmettent assurément par des écrits. Mais qui de nous n'a pas trop souvent gémi de voir que *presque toujours l'expérience meurt avec l'homme expérimenté?*

Il ne faut pas chercher ailleurs que dans ce phénomène la cause de la lenteur de l'esprit humain dans sa marche progressive, la cause de ses temps d'arrêt, de ses tâtonnements stériles, de ses erreurs, et des écarts regrettables où il a pu souvent s'égarer.

Mission politique de la science.

La loi du progrès réel pour la science a été, dans notre siècle, la *comparaison* de ses éléments analytiques.

Ainsi l'*anatomie comparée* d'abord, puis la *législation comparée*, l'*agriculture comparée*, l'*éducation comparée*, la *statistique comparée*, etc., ont apparu comme autant d'efforts synthétiques qui, recueillant les fruits de l'analyse, ont opéré une révolution dans l'étude et fait faire un grand pas à la science.

Cela admis, ne cherchons pas d'autres remèdes à la situation scientifique que ceux offerts par la science elle-même et dont elle a fait, dans son propre intérêt, une si heureuse expérience.

Faisant application à l'universalité des sciences de la loi de relation, de la loi des rapports interscientifiques, on arrivera à la féconde solution du problème : la diffusion de la science au profit de tous.

Examinons les rapports existant entre chaque science et toutes les autres. Exprimons-en l'esprit, et dégageons de cette étude comparée des formules d'application utilitaire pour l'intérêt public et privé. Par là faisons participer la nation entière aux bénéfices continus de la science, sans qu'il soit nécessaire de faire un savant de chaque citoyen.

La science, en effet, doit être le moyen d'une meilleure vie morale et matérielle, et non un but final.

Les académiciens ne doivent plus être, comme autrefois, de simples conservateurs, mais les distributeurs actifs de la science. Le premier corps savant de la nation, institué par nos pères comme le fanal des intelligences, oubliant ou négligeant l'esprit de ses premiers statuts, et mutilé par le despotisme, n'est à vrai dire qu'un sénat conservateur, une véritable chambre des pairs qui attend aussi d'importantes réformes.

Dans un état républicain, la science ne doit plus s'isoler. Il faut que l'Institut national soit constitué en corps politique, avec ses attributions et ses devoirs nettement définis. Il faut qu'il ait une action constante sur la vie intellectuelle et pratique de la nation. Il faut enfin qu'il soit l'assemblée des représentants du progrès de l'esprit humain, les grandes gardes de l'intelligence. Il faut que, au lieu de correspondants épars, il constitue une succursale collective et sérieuse dans chaque département, dont les assises annuelles seront présidées par des membres de l'Institut central. C'est ainsi qu'il donnera un caractère périodique et régulier, mais surtout fraternel, à cette heureuse tentative déjà éprouvée des congrès régionaux.

Imprimant, par la fonction régulière des rapports interscientifiques, une impulsion nouvelle à la science, le noble Institut national substituera sa brillante auréole au bandeau d'ignorance que les gouvernements passés maintenaient sur les yeux du peuple.

Alors on ne verra plus des populations entières privées des lumières de l'esprit, et incapables de développer les germes de vie morale que Dieu a placés au cœur de l'homme.

L'Institut national comprendra qu'il ne doit plus exister de corps neutres dans la République. Il prendra résolûment lui-même l'initiative de ses réformes, et proposera à l'Assemblée des représentants de la France le projet des attributions et des fonctions nouvelles auxquelles il a droit de prétendre. On paraît craindre qu'il ne le fasse pas. En cela on peut dire qu'il aurait tort. Car son inaction l'exposerait à voir ses attributions réglées par des influences extérieures, moins éclairées et moins compétentes. D'autres corps moins savants s'empareraient activement des fonctions qui lui sont dévolues par la force des choses, et le réduiraient ainsi à une inaction plus grande encore que par le passé.

Les pouvoirs publics, en constituant le corps enseignant dans la nation, ne sauraient l'organiser en dehors du concours de l'Institut national. Ils lui conserveront sans doute sur l'enseignement et sur l'application démocratique de la science un mandat direct et suprême. Autrement ce serait méconnaître la haute mission du corps savant le plus illustre du monde. Ce serait le reléguer à l'état d'invalides de l'intelligence, et tromper l'espérance des patriotes qui ont entrevu, dans l'avénement de la République, l'émancipation de l'esprit préparant l'union des cœurs.

Nos hommes d'État.

Il est à remarquer que les prétendus sauveurs de la société, les personnages consulaires, comme on les appelait, les grands politiques des régimes disparus, n'étudiaient pas les aspirations publiques.

Lancés dans l'arène quotidienne, énervés par des luttes systématiques paralysant les aptitudes organiques, ils étaient d'une déplorable ignorance sur les questions pratiques de la vie sociale.

Ces hommes ont été plusieurs fois réveillés en sursaut par des secousses révolutionnaires, et c'est le peuple qui les a dépassés en intelligence et en force morale. De ses rangs sont sortis des penseurs qui ont arraché le masque à ces faux savants de la politique.

Quand on étudie l'action personnelle des hommes d'État sur les affaires publiques depuis 1830, abstraction faite des systèmes adoptés, on est frappé de la nullité de cette action et de la faiblesse de ces hommes, comme agents politiques. Instruction restreinte, caractère politique mobile, doctrines flottantes et, partant de là, efforts stériles, impuissance dissimulée sous les dehors d'un talent oratoire brillant et trompeur.

Et, comme les assemblées délibérantes participaient dans leur ensemble de la même nature, puisqu'elles avaient une même origine, elles s'étaient habituées à s'incliner avec admiration devant cette éloquence sonore mais creuse, parfaitement calculée pour entretenir l'indifférence du peuple.

Le besoin de se faire une clientèle personnelle dans nos assemblées politiques devint une calamité. Les hommes de quelque talent, redoutant l'isolement et affamés de renom, étudiaient la tendance générale de l'assemblée. Pour caresser cette tendance et s'en faire les apôtres, ils renonçaient à l'explosion de leur génie propre. Ils perdaient leur originalité, don de

Dieu, et, ambitieux de pouvoir, ils préféraient, pour en conquérir leur part, se traîner servilement à la suite des doctrines dominantes.

Ils désertaient ainsi la légion sacrée des minorités progressives qui est le lien naturel et nécessaire entre les idées du présent et celles de l'avenir.

Il ne pouvait en être autrement à une époque où la pratique des affaires publiques avait cessé d'être le privilége d'une caste nobiliaire et où l'élément bourgeois lançait dans l'arène des rhéteurs improvisés qu'aucune éducation politique n'avait préparés.

Aussi n'y eut-il jamais pénurie plus grande d'hommes publics. L'opinion les avait tour à tour essayés et usés, sans pourtant les flétrir. Elle les épargnait à défaut d'autres, par simple économie et en attendant mieux.

C'est que l'éducation publique ne s'improvise pas. Elle ne peut être que le fruit de l'expérience et du temps. Il faut faire que cette expérience, jusqu'à présent individuelle et périssable avec l'individu, devienne un héritage public. Ce but doit être la pensée dominante de nos gouvernants et, en particulier, de ceux qui ont la direction de la science.

L'homme d'État ne doit pas diriger ses études vers l'imitation stérile des régimes disparus dans le passé. Il doit constamment tourner les regards de son esprit vers l'avenir.

Sous la République aristocratique des Romains, les fils des familles patriciennes recevaient une éducation publique complète qui rendait le citoyen également apte à ceindre l'épée du guerrier, la toge tribunitienne ou le bandeau sacré du pontife.

Dans un but analogue, sinon aussi étendu, on élève encore de bonne heure dans la pratique des affaires publiques les fils des familles aristocratiques de l'Angleterre.

En France, depuis que les familles nobiliaires ont perdu leur influence, et que l'élément plébéien a été appelé à participer à la direction des affaires de l'État, il faut songer sérieusement à former des hommes publics, non par les anciens moyens du privilége qui ne sont plus possibles, mais par des moyens nouveaux qui ouvriront la carrière à tous les citoyens.

Ces moyens découleront naturellement de la nouvelle mission politique qu'il importe d'ouvrir à la science, dans un intérêt général d'application publique et privée. Ce sera en partie l'œuvre de l'Institut cantonal dont il va être parlé.

CHAPITRE X

INSTRUCTION PUBLIQUE

Nécessité d'un enseignement secondaire dans tous les cantons.

Vouloir faire de tous les citoyens des savants, c'est chose impossible, du moins dans l'état actuel de la société. Espérons mieux de l'avenir.

Mais il est indispensable qu'ils aient dès à présent assez d'instruction pour saisir les idées de relation et accepter avec une confiance motivée ce qui leur vient de la science.

De là découle la nécessité d'une synthèse générale, simple et accessible à tous. Chacun acceptera la preuve de la synthèse généralisée, par le point de comparaison que lui offrira la spécialité qui lui sera propre. Il conclura, non par analogie, mais par induction, en ce qui le concerne, que la synthèse peut être admise dans son ensemble.

J'apprécie combien mes propositions paraîtront incomplètes. Mais je crois qu'il est du devoir de tout bon citoyen d'exprimer les pensées que lui ont inspirées l'observation des faits et les méditations qui en résultent. Dépourvues peut-être de cet ordre d'ensemble qui d'ordinaire est le partage des travaux collectifs, mes propositions peuvent néanmoins déposer dans certains esprits des germes utiles, capables de se développer tôt ou tard et de porter leurs fruits. Je livre donc mes idées au public dans leur forme incomplète. Puissent-elles être adoptées par des esprits consciencieux et dévoués qui, écartant tout ce qu'elles ont d'impraticable peut-être, quant à présent, sauront trier, conserver et mettre en œuvre celles qui leur sembleront mûres pour l'application.

On parle beaucoup d'instruire les hommes avant de les rendre libres. Des deux partis politiques qui se disputent la suprématie sur le peuple, l'un veut le dresser à l'obéissance, l'autre dans un esprit permanent de révolte. Chacun d'eux veut le former pour son but d'asservissement. Le peuple est assez éclairé pour être libre. Il veut l'être de suite. Il est prêt.

Ces classes cultivées qui ont eu la prétention de gouverner le peuple n'ont pu y parvenir qu'au moyen d'artifices déshonnêtes et inavouables, et au milieu d'indicibles tiraillements. C'est qu'elles étaient dépourvues, malgré leur instruction, de la capacité morale.

Ce n'est pas ici le lieu de traiter la question d'une organisation complète de l'instruction publique. Je laisserai ce soin à de plus habiles. Les plans ne manqueront pas, et l'on n'aura que l'embarras du choix.

En ce qui concerne le régime cantonal, il est évident que les écoles primaires communales ne suffisent pas.

Il est nécessaire d'installer des colléges cantonaux, sortes d'écoles secondaires pour faciliter à tous le développement des facultés naturelles, par la propagation d'une instruction sommaire, mais assez étendue.

A côté de l'instruction générale commune à tous, il convient aussi de développer, dans chaque contrée, une instruction spéciale appropriée aux mœurs de ses habitants.

Il importe surtout de répandre l'instruction au point de vue de l'éducation des hommes destinés à remplir les fonctions publiques auxquelles pourront les élever leur dévouement patriotique et le suffrage de leurs concitoyens.

Depuis que la noble ambition de participer, de près ou de loin, aux affaires du pays s'est emparée des plébéiens, cette éducation, autrefois abandonnée au hasard, et restreinte par des conditions de fortune à un petit nombre, doit devenir, dans un état républicain, le patrimoine de tous, sans aucune exception.

Si chaque citoyen ne peut être appelé à diriger sa part des affaires publiques, il faut lui assurer au moins les connaissances nécessaires pour apprécier, discerner et juger le mérite des chefs ou des mandataires qu'à chaque heure du mouvement social il est appelé à choisir.

A ce point de vue l'instruction publique ne doit pas se circonscrire à un petit nombre d'années de la jeunesse. Elle doit pouvoir se continuer pendant la vie entière de l'homme, par voie d'expansion directe.

Il ne suffirait pas de décréter que l'instruction sera obligatoire. On ne saurait instruire les hommes par la force. Ce qui importe dans une République égalitaire, ce n'est pas seulement de donner des ordres; c'est d'organiser des moyens d'action d'accord avec nos mœurs. Le principe de l'instruction universelle et gratuite pour les deux sexes étant adopté par l'État, l'institution de son exercice devient facile. Le devoir du père de famille se réduit alors à fournir à ses enfants l'accession de l'école. Dans de telles conditions aucun citoyen ne saurait refuser à ses enfants leur part de l'alimentation morale. Au besoin le censeur public y tiendrait la main.

Il faut que la lumière de l'instruction jaillisse incessamment avec une profusion telle qu'elle puisse éclairer naturellement et sans effort tout citoyen. Il faut qu'elle l'entoure, qu'elle le pénètre en quelque sorte à la manière dont se propagent les vérités triviales.

Il ne paraîtra peut-être pas superflu de formuler ici l'aperçu sommaire d'un plan d'enseignement cantonal.

Collége cantonal.

Le collége cantonal serait établi dans un édifice appartenant au canton.

Il serait administré par un Directeur érudit, nommé par le ministre de l'instruction publique.

Les élèves des deux sexes, appelés à fréquenter ce collége, sont présumés avoir reçu déjà les premiers éléments de grammaire dans les écoles communales avant l'âge de douze ans. Tous ces élèves seraient externes.

Des salles spacieuses seraient appropriées pour les cours publics, de manière à recevoir simultanément, mais dans deux sections distinctes, les jeunes gens des deux sexes. Une troisième section serait réservée dans chaque salle pour les parents et les adultes qui voudraient assister aux cours, à titre de simples auditeurs.

La durée ici prévue pour l'ensemble de l'enseignement cantonal serait de trois années.

Il y aurait seulement deux journées par semaine consacrées aux cours de cet enseignement.

Tous les cours suivis par les élèves des trois années seraient répartis pendant ces deux journées réservées aux études, à raison de trois cours par jour pour les élèves de chaque année.

Ces trois cours, y compris les intervalles nécessaires, auraient lieu dans l'espace de six heures, entre onze heures du matin et cinq heures du soir.

Les cours d'écriture seraient réunis dans une salle commune, comprenant les élèves des deux années, sous un professeur unique. Même disposition pour les classes de dessin.

Les deux journées d'études par semaine seraient elles-mêmes séparées par un intervalle de deux jours.

Si le nombre de jours consacré à l'enseignement cantonal paraît devoir être réduit à deux, c'est, d'une part, pour laisser les enfants s'occuper aux travaux de la famille ou de l'atelier, et, d'autre part, pour mieux faciliter à tous l'accession du collége.

Les enfants de la commune chef-lieu du canton s'y rendront naturellement à pied. Ceux des communes plus éloignées devront y aller en voiture. Pour quiconque connaît les ressources des pays agricoles, on sait que les voitures n'y manquent pas. Chaque cultivateur aisé y fera conduire dans sa patache ses enfants et ceux de ses voisins moins aisés. Si ces moyens ne suffisaient pas, surtout dans les cantons industriels et populeux, il serait facile d'avoir pour cette destination, dans chaque commune, une ou plusieurs voitures-omnibus qui rouleraient deux jours par semaine, avec des chevaux loués à peu de frais par la commune.

D'après l'ordonnancement ci-dessus indiqué, l'enseignement annuel du collége cantonal consisterait en six cours distincts. Le programme suivant offre un aperçu sommaire de ce plan d'études.

Programme des cours du collége cantonal.

Première année. — De 11 à 12 ans.

Jours par semaine.		Professeurs.
1er jour.	Grammaire et éléments de littérature. . .	Le directeur.
	Écriture.	Un employé d'administration.
	Agriculture, élevage, hygiène vétérinaire.	Un cultivateur.
2e jour.	Histoire ancienne et moderne, géographie.	Le directeur.
	Dessin.	Un artiste amateur.
	Horticulture, arboriculture, sylviculture. .	Un cultivateur.

Deuxième année. — De 12 à 13 ans.

Jours par semaine.		Professeurs.
1er jour.	Littérature française.	Le directeur.
	Écriture.	Un employé d'administration.
	Sciences mathématiques, géométrie, mécanique.	Le conducteur du Génie.
2e jour.	Sciences naturelles, physique, chimie. . .	Un pharmacien.
	Dessin.	Un artiste amateur.
	Économie domestique et ménagère. . . .	Une dame du canton.

Troisième année. — De 13 à 14 ans.

Jours par semaine.		Professeurs.
1er jour.	Économie publique, industrielle et commerciale.	Un citoyen du canton.
	Musique.	Des amateurs hommes et femmes.
	Physiologie, prescriptions hygiéniques. . .	Un médecin du canton.
2e jour.	Philosophie et ses applications morales. .	Le directeur.
	Droit public, politique, civil, criminel et commercial.	Le président du tribunal de mœurs.
	École du soldat et de peloton.	Un ancien militaire.

Conditions générales de cet enseignement.

Cet enseignement serait gratuit pour tous les élèves.

Il serait également volontaire et gratuit, en grande partie du moins, de la part des professeurs, choisis parmi les personnes les plus aptes et les plus considérées du canton. Ces honorables citoyens s'empresseraient assurément de concourir à cette œuvre patriotique, en lui consacrant chaque semaine quelques heures de leur temps.

Le directeur du collége serait chargé, d'après ce programme, de quatre de ces cours : soient deux leçons par jour, pendant deux jours de chaque semaine, ce qui n'est pas excessif.

Ainsi, à part les honoraires du directeur et les frais du service matériel du collége ; à part des indemnités modérées pour quelques professeurs de la localité et pour ceux que l'on serait obligé parfois de faire venir du chef-lieu départemental, les dépenses pour l'enseignement cantonal seraient extrêmement modérées.

En vue d'assurer une certaine unité dans l'exécution de ce programme d'enseignement, des inspecteurs généraux de l'instruction publique contrôleraient régulièrement toutes les écoles cantonales.

Les élèves pourraient à leur gré préparer chez leurs parents les devoirs pour les cours. Dans tous les cas, on pourrait tenir à leur disposition deux fois par semaine, à l'école communale, une salle où les instituteurs primaires les assisteraient en qualité de maîtres d'études.

Un mode d'instruction ainsi réglé permettrait aux élèves de s'occuper utilement, dans les jours d'intervalle, aux travaux agricoles ou industriels, en participant à la vie intime du saint foyer de la famille.

Je ne prétends pas avoir défini dans ces indications générales les conditions d'un programme complet. Tel qu'il est ici présenté, l'enseignement cantonal contiendrait les éléments d'une instruction publique commune à tous les citoyens, et à peu près suffisante pour les faire participer à la vie intellectuelle et générale de la nation.

Selon les vocations ou les aptitudes, une partie des élèves cantonaux pourrait compléter son instruction dans les colléges nationaux des départements ou dans des écoles spéciales. L'enseignement des langues étrangères les plus usuelles serait donné dans le collége national.

Le collége national déjà existant serait une école centrale nécessaire pour maintenir l'unité morale et intellectuelle entre tous les cantons du département.

Les élèves lauréats des cantons pourraient être admis, après concours, dans le collége national, aux frais de l'État ou de leurs cantons. C'est ainsi que l'élève, fruit virginal distingué par son savoir ou sa sagesse, serait envoyé pour mûrir au foyer initiateur de la science, et revenir ensuite professer à son tour dans son pays, par la parole directe, les principes enseignés au collége central.

L'enseignement professionnel appliqué à l'industrie est beaucoup trop restreint en France. Il serait nécessaire d'établir une école d'application d'Arts et métiers avec un programme variable dans chaque département.

On trouvera peut-être que deux jours d'enseignement par semaine sont insuffisants pour le collége cantonal. C'est une première base d'organisation. On ne saurait avoir à cet égard de parti pris préalable. L'expérience seule pourra donner la mesure de l'échelle convenable. On remarquera toutefois que les deux journées d'études indiquées au programme, sans être surchargées, sont bien remplies.

Il ne faut pas perdre de vue qu'il s'agit ici d'un enseignement sommaire, auquel il est légitime de faire participer successivement tous les enfants de la commune patrie. Il doit donc être approprié aux habitudes des familles et aux possibilités matérielles de son exercice.

C'est en vue de répondre à ce but que devront être préparées des méthodes spéciales, essentiellement synthétiques et concises, en élaguant une quantité de superfétations pédagogiques, applicables à des disciples privilégiés, pour lesquels il n'y avait aucun intérêt de ménager le temps, d'ailleurs sans emploi.

Pour répandre utilement l'instruction dans le peuple, il est indispensable de la concilier avec les exigences du travail, avec la vie intérieure de la famille.

L'année scolaire serait réglée d'après les occupations agricoles de chaque contrée, de manière à faire coïncider les vacances avec la saison des récoltes, pendant laquelle la famille réclame la présence de tous ses enfants.

Institut cantonal.

A côté du collége cantonal, destiné à répandre les lumières de l'instruction dans la jeunesse, un autre foyer propagateur de la science serait établi dans chaque canton de la République : l'Institut cantonal.

L'Institut cantonal serait une assemblée librement constituée, se recrutant elle-même parmi les personnes les plus distinguées par leur savoir et par leur zèle pour le bien public.

Il comprendrait d'abord les professeurs du collége cantonal, et tous les notables qui en seraient jugés dignes. Les femmes y seraient admises, au même titre que les hommes. Les séances seraient publiques.

Il serait présidé par le correspondant cantonal de l'Institut de France, lequel serait ainsi l'intermédiaire scientifique entre la modeste assemblée cantonale et la docte assemblée parisienne.

L'Institut cantonal des lettres, sciences et arts recruterait facilement vingt-cinq membres, sinon aussi instruits, du moins aussi zélés que ceux de l'Institut national pour répandre, dans la mesure de leurs facultés, les bienfaits de la lumière parmi les populations locales.

J'ai rencontré, dans le cours de mes travaux professionnels, un très-grand nombre d'hommes de mérite, dans les cantons éloignés des villes. J'ai été frappé de l'isolement de ces hommes très-instruits d'ailleurs, mais vivant pour leur propre compte, sans aucun concert mental collectif. Combien leur valeur sociale se fût accrue, s'ils avaient eu l'occasion de travailler un peu en commun dans un Institut cantonal, avec les autres personnes distinguées, vouées comme eux à l'isolement !

Le bien que pourrait produire une semblable institution est inappréciable. Plusieurs de ses membres, cédant à un entraînement émulateur pour le bien, ouvriraient souvent, en dehors des cours du collége, des conférences publiques, isolées ou périodiques, dans le canton et même parfois dans les communes, pour éclairer le peuple sur toutes les questions capables de l'intéresser. Par la double action du collége et de l'Institut cantonal, l'ascendant magique de la parole exercerait partout l'influence la plus salutaire, et le problème de l'instruction populaire serait résolu.

Tout cela pourrait s'organiser d'une manière générale et sans effort, par la libre expansion du patriotisme agissant avec succès sur les bons instincts du peuple trop longtemps méconnus. Ces fréquentes réunions publiques mettraient incessamment en contact les populations et contribueraient puissamment à resserrer le lien fédéral.

Congrès régionaux.

On est généralement d'accord sur le bien produit par les congrès régionaux, provoqués de temps en temps, mais beaucoup trop rares, dans l'intérêt des sciences et de l'agriculture. Leur action, pour être plus complète, a besoin d'être régularisée.

Dans ce but on pourrait instituer des assises périodiques de la science expérimentale, en convoquant plusieurs fois par an, dans chaque département, des congrès publics où se réuniraient des délégations des Instituts cantonaux, sous la présidence d'un membre de l'Institut national de France. Ces assises successives, dans les cantons, les départements et la capitale, constitueraient une véritable fédération de la science qui pénétrerait ainsi dans les multitudes par des courants réguliers.

Dès-lors l'ordre présiderait partout dans cette utile distribution de la science, au lieu de la confusion désordonnée et de tous les efforts perdus que nous déplorons dans le régime actuel.

CHAPITRE XI

FORCE PUBLIQUE

La force publique, indépendamment des corps spéciaux organisés par les soins du Gouvernement central, conformément aux lois, consisterait, dans chaque canton, en trois catégories distinctes :

1° La garde champêtre.

2° La gendarmerie.

3° La garde nationale.

La garde champêtre serait une sorte de gendarmerie secondaire, composée d'un ou deux gardes champêtres à pied, par commune, et réunie sous les ordres d'un brigadier résidant au canton.

La gendarmerie se composerait également d'une brigade de quinze hommes environ par canton, Ce corps serait complétement monté, à raison de deux chevaux par homme.

De cette manière, il pourrait être employé, outre son service de correspondance spéciale, à différentes fonctions actives exigeant une certaine célérité, telles que les dépôts d'actes administratifs et judiciaires, les transports d'argent, la distribution des lettres et dépêches de toute nature. Ils remplaceraient avec avantage les facteurs à pied de la poste dont le service, fatigant d'ailleurs, est beaucoup trop lent dans les campagnes.

Outre les précieux services que la gendarmerie, ainsi montée, ajouterait à ceux qu'elle rend déjà, elle offrirait l'avantage inestimable d'entretenir une réserve considérable de chevaux bien dressés et bien soignés, réserve toujours disponible pour les armées en temps de guerre. La gendarmerie cantonale de France comprendrait ainsi cinquante mille bons cavaliers disposant de cent mille chevaux.

La garde nationale, composée de tous les citoyens valides, à raison d'une légion de deux mille hommes en moyenne, par canton, s'élèverait dans toute la France à 6,600,000 dont le quart, soient 1,600,000 hommes, pourrait constituer la garde mobile.

La garde sédentaire et la garde mobile se réuniraient fréquemment pour exécuter des manœuvres dans le canton.

Il serait facile d'organiser en même temps une troupe de cent gardes nationaux à cheval parmi les cultivateurs et propriétaires de chaque canton, qui presque tous peuvent entretenir de bons chevaux à deux fins, pour la selle et le trait. Cette troupe serait également assujettie à de fréquents exercices d'ensemble au canton et au département, de manière à présenter, dans toute l'étendue de la France, une force toujours disponible de 350,000 cavaliers montés qui ne coûteraient rien à l'État.

On a vu, dans le programme du collége cantonal, que l'école du soldat et de peloton serait comprise dans l'enseignement de la troisième année pour les jeunes gens de quatorze ans, en sorte que chaque citoyen serait soigneusement dressé au maniement des armes et aux manœuvres d'ensemble par une année d'exercice, bien avant l'âge du service militaire.

Les jeunes gens, au sortir du collége, resteraient embrigadés en corps de vélites et seraient appelés de temps en temps à des revues pour s'entretenir et se fortifier en attendant l'âge où ils devraient se tenir prêts à entrer dans les rangs de la garde nationale.

Les éléments de la défense nationale seraient ainsi préparés de bonne heure, sur la plus grande échelle, à la disposition du gouvernement central, qui puiserait dans cette réserve pour la formation de corps spéciaux, suivant l'exigence des éventualités et dans la mesure prévue par les lois.

Un officier supérieur, ayant rang de colonel, commanderait la force publique et aurait l'inspection de l'enseignement militaire dans chaque canton. Il relèverait lui-même d'un officier général commandant les forces du département.

Dans ce régime cantonal, nos fils, tous militaires, resteraient parmi nous. Ils ne cesseraient pas de produire. Tout citoyen se tiendrait ainsi toujours prêt à marcher pour la défense nationale.

Les corps militaires que le Gouvernement jugerait à propos de mobiliser tour à tour devraient également être utilisés à des ouvrages publics pour ne pas perdre l'habitude du travail, dans un État où chacun doit fournir sa part de la production nationale.

On me pardonnera cette digression consacrée au régime militaire de la France. Mais il faut subir la nécessité des temps. En présence de la barbarie qui s'est perpétuée en Europe dans les gouvernements despotiques, c'est pour nous un devoir d'assurer l'indépendance de la patrie par des institutions défensives introduites dans nos propres mœurs. En armant la population tout entière, nous serons plus forts contre les entreprises sacriléges de l'étranger, qu'en leur opposant l'élément onéreux et moins sûr des armées permanentes, satellites serviles du despotisme, insuffisantes devant les invasions armées de l'étranger.

LIVRE IV

LE GOUVERNEMENT

CHAPITRE XII

ÉLÉMENTS DU GOUVERNEMENT CENTRAL

Entraînement général vers l'unité.

A l'approche de la rénovation sociale qui se prépare au milieu des épreuves les plus douloureuses, la grande patrie française a senti tressaillir profondément son âme immortelle.

Après avoir longtemps essayé sa force dans la décomposition du passé, et dans la révolte contre les tyrannies traditionnelles, l'esprit national semble plus que jamais reconnaître qu'en dehors de l'unité, rien de grand ne s'est produit chez les peuples. L'égalité des droits apparaît à tous comme le but de la vie sociale. L'unité politique en est le moyen.

Unité sociale! Tel doit donc être le cri de ralliement des esprits vraiment religieux.

Ils doivent élever résolûment le drapeau de l'unité au-dessus de l'esprit de parti, et ne pas se laisser égarer par les stériles clameurs des sectes politiques. En effet, ces sectes, après avoir combattu les tendances sociales modernes, n'y ont adhéré tour à tour sans trop les comprendre, que parce qu'elles semblaient prêter un appui à leurs passions vengeresses. Quand le peuple aura constitué le nouveau régime fédéral qui répond à ses aspirations vers l'unité, les sectes politiques n'auront plus de cause d'existence, et la réorganisation sociale s'accomplira virtuellement.

Circulation spontanée des forces naturelles dans la vie fédérale.

La société humaine n'est pas une œuvre artificielle. Elle existe en vertu du principe naturel d'association, dans la vie fédérale.

Par un phénomène constant dans la nature, la vie organique se manifeste sous l'influence de deux principes universels, soit qu'on élève l'observation vers le monde sidéral, soit que l'on ramène l'examen à l'expansion vitale, individuelle ou collective, ici-bas.

L'action combinée de la force centrifuge et de la force centripète paraît être la loi régulatrice prédominante du mouvement naturel.

Examinons, à l'aide de l'induction, si un accord aussi harmonieux n'aurait pas été également imposé aux groupes sociaux, comme leur loi providentielle et finale.

Dans leur orgueilleux cerveau, les hommes les plus ingénieux ne sauraient inventer une loi sociale. Mais il leur sera donné de rompre avec les traditions d'un passé égoïste et d'adopter enfin la loi sociale naturelle sans l'intervention d'éléments factices, et avec les moyens existant dans la famille humaine.

S'il ne nous a pas été permis d'appliquer cette loi sociale de la nature, et d'en jouir dès les premiers âges de l'humanité, c'est que les peuples ont été constamment tenus en état d'ignorance et d'erreur, pour des intérêts de domination.

Si l'on veut bien me permettre une comparaison, la force centripète est l'action démocratique initiale qui, mise en mouvement à la surface entière du pays, verse une puissance toujours nouvelle au pouvoir central.

C'est en vertu de la force centrifuge que le gouvernement central, à son tour, étend sur la société entière le pouvoir qui lui vient du peuple. C'est le cœur d'où jaillit le sang vital pour pénétrer jusqu'aux extrémités.

Si ces deux forces étaient contrariées, si l'autorité centrale gardait par-devers elle sans retour la puissance colossale que lui délègue incessamment le peuple, cet état de pléthore locale entraînerait un anévrisme au centre, suivi de l'anémie du peuple. Tel est l'effet déplorable du despotisme, vérifié par l'expérience du dernier empire.

Dans le cas contraire, si la démocratie n'envoyait qu'avec parcimonie les éléments du pouvoir au Gouvernement, il y aurait rupture dans l'organisme naturel des forces. Ce serait la mort du pouvoir central et, aux extrémités, l'anarchie.

Les partis politiques, dans les crises révolutionnaires, ne se sont pas assez préoccupés de la solution de ce problème. Ils n'ont songé qu'à consolider la victoire à leur profit, en confisquant un pouvoir dès lors éphémère.

Aussi les vrais patriotes, assez heureux pour s'élever au-dessus de l'esprit de parti, et pour soustraire leur cœur à son action desséchante, ont-ils été constamment ramenés à la recherche de cette loi de génération spontanée des pouvoirs sociaux, qui est la clé de l'ordre.

Le principe d'autorité a été jusqu'ici l'expression vraie ou fausse de la volonté sociale. Variable de sa nature, comme la forme de la société, le principe d'autorité peut être déplacé par le fait ou par la pensée, mais non supprimé, sous peine de nier la précession historique.

Le principe d'autorité a donc survécu, par instinct d'ordre, à toutes les tentatives collectives ou isolées qui ont été faites pour l'annuler. La possibilité de ces tentatives s'éloignera de plus en plus. Elle s'évanouira tout à fait devant un pouvoir autoritaire, émanation directe de la volonté du peuple. N'ayant plus d'existence propre et distincte, ce pouvoir ne saurait plus être ébranlé par une minorité qui ne pourrait l'atteindre qu'en attaquant la volonté de tous.

On a souvent parlé de la décentralisation du pouvoir. Mais on n'a pas tardé à reconnaître que toute décentralisation est une stérile réaction désorganisatrice.

Loin de décentraliser le pouvoir, comme l'ont proposé des esprits critiques et sans boussole, il faut procéder d'abord selon l'ordre logique, du simple au composé, par l'organisation politique des unités cantonales de la République. Les cantons délégueront ensuite au pouvoir central une puissance colossale, jusqu'alors inconnue, qui sera l'expression légitime de la volonté nationale.

Le pouvoir central que les gouvernements passés s'étaient spontanément attribué, dans des intérêts de prépondérance personnelle, loin de s'affaiblir dans le régime fédéral, deviendra donc beaucoup plus puissant quand il procédera directement de l'élément démocratique, et quand il sera exercé dans l'intérêt même et sous le contrôle de cet élément. La raison publique fera pour toujours justice des subtilités imaginées et entretenues par le charlatanisme d'un despotisme artificiel.

Il ne faudrait donc pas que, par un sentiment de jalousie malentendu, le peuple se crût plus fort en affaiblissant le pouvoir central qui doit émaner de lui. Ce serait, de la part du peuple, se suicider.

Le peuple ne verra plus, dans les deux modes de manifestation des pouvoirs publics issus de la même origine, que l'expression d'un même principe : la souveraineté populaire. Il comprendra ainsi le double aspect des deux fonctions distinctes, mais solidaires, de la vie fédérale.

Le principe démocratique, aujourd'hui victorieux, doit éviter surtout d'affaiblir le pouvoir central, en neutralisant sa fonction. L'action du pouvoir central doit rester libre et complète, dans la voie tracée par une sage Constitution, sous peine de voir la France déchoir du rang de nation.

Sans se préoccuper quant à présent des transformations que l'avenir prépare à notre puissance nationale, on ne peut nier aujourd'hui que la France ait un besoin suprême d'exister comme nation.

Ce sentiment, qui pourra peut-être un jour s'affaiblir ou se modifier dans un but de fraternité universelle, par une application plus étendue du principe fédératif, doit être satisfait dans toutes ses aspirations, tant que nous verrons dans le monde des sociétés puissantes, gouvernées par des principes ennemis du genre humain. La France ne pourra donc abdiquer qu'après le triomphe fédéral des peuples son protectorat moral et matériel sur les faibles, qui lui semble imposé par sa propre destinée.

Le lecteur voudra bien me pardonner encore cette digression qui m'a semblé utile pour préciser l'origine, le but et la fonction naturelle des pouvoirs sociaux.

CHAPITRE XIII

ASSEMBLÉE NATIONALE

Dans la représentation politique de la France fédérale, il importe de donner à son principe originel l'application la plus étendue.

Suivant le plan ici considéré, l'Assemblée nationale ne serait plus, comme autrefois, un pouvoir exclusivement législatif. Elle serait, non la confusion, mais la fédération, l'alliance intime de ces trois pouvoirs législatif, exécutif et judiciaire, que la vieille science politique s'efforçait en vain d'isoler, pour les maintenir dans un équilibre pondérateur.

Ici, dans l'exercice de leur autorité, ces trois pouvoirs restent distincts et séparés; mais ils procèdent d'une origine commune : le suffrage universel.

L'Assemblée nationale, composée de plus de trois mille députés, élus *individuellement* par chacun des cantons de la France, serait un congrès gouvernemental souverain, expression suprême de la vie fédérale de la nation.

Elle comprendrait tout le personnel nécessaire pour la confection des lois, la direction et l'administration supérieure des affaires de la commune patrie.

Par ce développement complet du régime fédéral, le peuple de tous les cantons aurait une participation effective et directe au gouvernement de la République.

Les Conseils généraux des départements seraient naturellement composés de tous les députés des cantons, ainsi confédérés au chef-lieu départemental. De cette manière, l'Assemblée nationale, formée d'hommes investis de la triple représentation locale, régionale et nationale, constituerait réellement l'unité politique de la France.

L'Assemblée nationale se réunirait en assemblée générale au complet, pour le vote exécutoire des lois dont il sera ci-après parlé, et dans toutes les circonstances où cette réunion serait jugée nécessaire.

En outre, pour l'exercice de ses diverses fonctions spéciales, elle se subdiviserait spontanément en plusieurs chambres distinctes, embrassant toutes les attributions actives, mais séparées, du gouvernement national.

1° Une chambre législative;

2° Une chambre judiciaire;

3° Une chambre consultative;

4° Une chambre administrative;

5° Enfin un comité exécutif des ministres, composé de quatorze membres, sous la présidence du Commissaire suprême de la République, serait choisi dans l'Assemblée nationale pour constituer le gouvernement central, comme il sera expliqué ci-après.

Chambre législative.

La chambre législative, formée de 540 membres environ (6 par département), serait choisie par l'Assemblée nationale et dans son propre sein, parmi les députés représentant autant que possible la généralité des intérêts du pays, et les plus aptes à l'élaboration des lois. Cette chambre législative se subdiviserait elle-même en bureaux et ferait son règlement intérieur suivant la nature de ses travaux et conformément aux anciens usages.

La confection des lois et la révision permanente de la Constitution s'effectueraient par la chambre législative, sous sa propre initiative ou celle du pouvoir exécutif.

L'adoption des lois, comme celle de la Constitution, seraient soumises à l'épreuve d'un triple suffrage.

1re *Épreuve.* — Approbation du projet de loi par la chambre législative.

2e *Épreuve.* — Renvoi à l'Assemblée cantonale soumis à l'approbation du suffrage universel du canton, avec ou sans amendements de l'assemblée cantonale.

3e *Épreuve.* — Retour de la loi à la chambre législative, avec ou sans amendements proposés par les cantons, et vote définitif exécutoire par l'Assemblée nationale avec toutes les chambres et sections réunies.

Chambre judiciaire.

La chambre judiciaire, formée de 270 membres environ (3 par département), également choisie par l'Assemblée nationale et dans son sein, se composerait autant que possible de députés versés dans l'exercice de la magistrature.

Cette chambre se diviserait en plusieurs sections qui composeraient autant de cours spéciales, haute cour de justice, cour de cassation, cour des comptes et cours supérieures de justice dont les membres rempliraient les fonctions d'inspecteurs judiciaires dans les départements.

Chambre consultative.

La chambre consultative serait formée de 560 membres de l'Assemblée nationale, par la réunion des Conseils supérieurs attachés aux divers départements ministériels, et émanant de l'Assemblée.

Chacun de ces quatorze Conseils supérieurs, composé de 40 membres, se réunirait séparément sous la présidence de chaque ministre, pour lui donner son avis sur les questions de sa compétence.

La chambre consultative s'assemblerait, toutes sections réunies, sous la présidence du Commissaire suprême, chef de l'État, pour donner collectivement son avis au pouvoir exécutif. Elle exercerait spontanément le droit de remontrance sur les actes du Gouvernement. Elle remplirait effectivement, mais d'une manière beaucoup plus élargie, les fonctions précédemment attribuées aux conseils d'État.

Chambre administrative.

Les trois chambres législative, judiciaire et consultative comprendraient ensemble environ treize cents députés. Les deux mille députés restants de l'Assemblée nationale constitueraient la chambre administrative qui n'aurait pas d'attributions collectives spéciales. Ce serait un collége dont les membres seraient chargés individuellement par le pouvoir exécutif, des fonctions supérieures de la République.

Le personnel des hauts fonctionnaires de l'État, les chefs de service des différents ministères, les commissaires spéciaux du Gouvernement, à Paris, dans les départements et à l'étranger, qui étaient autrefois nommés arbitrairement par le pouvoir exécutif, seraient désormais choisis par lui dans le sein de l'Assemblée nationale élue par le peuple.

Ainsi la moralité publique trouverait, dans la sanction préalable du suffrage universel, une précieuse garantie que n'offrait pas à beaucoup près le haut fonctionnaire arbitrairement choisi par les anciens gouvernements.

Des lois ultérieures régleraient les diverses conditions d'admissibilité pour les fonctions secondaires de l'administration, n'impliquant pas la qualité préalable de député. Il importerait de soumettre, autant que possible, ces conditions au suffrage public ou à l'épreuve du concours largement contrôlé.

Perpétuité de l'Assemblée nationale.

La durée de l'Assemblée nationale serait perpétuelle. Elle serait en état permanent de rénovation partielle, par voie d'élection annuelle, pour un quart de son effectif, suivant la tradition déjà usitée dans certains conseils administratifs. Les députés sortants seraient rééligibles.

Par là on éviterait la substitution brusque d'éléments nouveaux aux anciens ; on éviterait les réactions, les secousses inévitables d'un renouvellement total. Par le même motif, cette permanence de l'élection au moyen du renouvellement annuel du quart serait préférable à celui du tiers. Il entretiendrait l'esprit public dans une vie politique régulière, exempte des agitations et des crises qui d'ordinaire accompagnent un renouvellement partiel trop nombreux.

Le représentant du peuple serait sous la juridiction souveraine et permanente de son canton, qui pourrait toujours prolonger ou révoquer son mandat. L'élection alors, au lieu d'être une arène ouverte aux intrigues de l'ambition, aux cabales des coteries, dans laquelle l'avantage reste parfois non au plus digne, mais au plus habile, l'élection serait l'exercice d'un sérieux devoir, le dénouement régulier d'un vœu public depuis longtemps étudié et connu.

En effet, agissant dans un courant normal, l'esprit électoral pourrait s'exercer toujours à l'avance, dans chaque canton, pour un objet prévu et déterminé, sur un choix qu'aucune manœuvre ne pourrait surprendre.

L'Assemblée nationale ferait elle-même la répartition de ses membres dans les différentes chambres, au point de vue de leur meilleure utilisation pour les intérêts généraux du pays. Ces chambres se livreraient ensuite séparément à leurs fonctions législatives, judiciaires et consultatives. Le pouvoir exécutif choisirait à sa convenance les divers fonctionnaires du pays dans la chambre administrative.

Il n'y aurait pas cumul, mais succession, dans l'exercice des diverses fonctions attribuées à chaque représentant du peuple.

Les sessions législatives et des conseils administratifs seraient combinées de manière à ne pas excéder une durée annuelle de six mois au plus. Ces diverses fonctions exercées par les députés seraient rétribuées par une allocation unique et uniforme, à déterminer, que l'opinion générale semblerait évaluer de douze à quinze mille francs environ. En outre, les représentants appelés par la variété de leurs fonctions à des déplacements fréquents, devraient circuler gratuitement sur toutes les voies ferrées.

Les députés investis de fonctions fixes dans l'administration recevraient les mêmes honoraires que tous les autres représentants, sauf des suppléments jugés parfois nécessaires pour des services spéciaux. Ils devraient tout leur temps à leurs fonctions, sous réserve d'une vacance annuelle de deux mois environ, et des absences exigées pour l'exercice de leur mandat législatif, aux réunions générales de l'Assemblée nationale.

CHAPITRE XIV

POUVOIR EXÉCUTIF

Condamnation du régime dynastique.

Le régime de la royauté dynastique a été trop longtemps le fléau historique de la France. L'égoïsme dynastique des rois, pour assurer sa conservation, subordonne sans cesse, dans une sujétion servile, l'intérêt général de la patrie. Il étouffe les bons élans de l'esprit public, et relâche les liens sociaux en énervant les âmes. Il est l'origine de toutes les crises révolutionnaires et l'élément perturbateur de la paix publique, au-dedans et au-dehors. Les peuples n'ont aucune cause de se faire la guerre entre eux, et, quand ils y sont entraînés, c'est uniquement dans l'intérêt des rois. Les rois sont donc véritablement les plus dangereux ennemis des peuples. Le temps présent en est la preuve.

L'article de la nouvelle constitution républicaine qui aura consacré, dans le régime fédéral, l'exercice de la souveraineté individuelle du citoyen, sera l'arrêt de mort définitif du principe dynastique en France.

Idée populaire de la responsabilité du pouvoir.

On a dit que la France était monarchique, ou monocratique. La France est monarchique en ce sens qu'elle veut un chef unique, mais responsable.

Cette responsabilité du chef de l'État a été de tout temps admise et incontestée, dans l'esprit des multitudes, plus avancées en cela que les écoles subtiles de certains politiques.

Le peuple pousse tellement loin son idée de la responsabilité du chef de l'État qu'il va jusqu'à le rendre solidaire, sinon des faits qui ressortent fatalement des phénomènes de la nature, du moins de leurs conséquences.

A part ces idées exagérées de responsabilité, il est incontestable que le peuple veut un chef unique, un président ou un consul, qu'il puisse tenir pour responsable du bien et du mal.

Il ne s'accommoderait pas d'une autorité collective, impalpable pour lui. Il lui faut, à la tête de l'État, un pouvoir tangible, *un bouc émissaire* qu'il puisse bénir ou maudire tour à tour, suivant le bien ou le mal qui se produit sous son autorité.

Quant à l'hérédité dynastique, le peuple n'y tient aucunement. Au contraire, dans son opinion, quand on a un mauvais chef, il faut le remplacer par un autre meilleur. Il est disposé à se révolter et à employer la force dans ce but. Il préférera donc un mécanisme politique légal, permettant d'accomplir cette réforme sans violence, par la voie régulière du suffrage. L'institution d'un chef élu pour un temps limité semble donc réaliser, quant à présent, l'idéal du peuple français.

C'est le désir de répondre à ce vœu général qui a inspiré le projet d'organisation du pouvoir central formulé ci-après, sous la présidence d'un chef unique.

Le titre de Commissaire suprême de la République semblerait peut-être préférable à celui de président, comme rappelant mieux l'origine du chef de l'État et le caractère de son mandat.

On pourrait fixer la durée de ses fonctions à quatre années, comme aux États-Unis d'Amérique, et sans réélection immédiate. Il n'y a pas, en ce monde, d'hommes nécessaires. Il n'y aurait aucun inconvénient à réélire un Commissaire suprême après un autre intervalle de quatre années.

Pouvoir exécutif de la République.

Le gouvernement central serait exercé par un Comité du pouvoir exécutif nommé pour quatre ans, choisi dans le sein de l'Assemblée nationale à la majorité des voix, et composé de quinze membres, savoir :

1° Le Commissaire suprême de la République dont il vient d'être parlé, chef de l'État, président du Comité exécutif, et symbolisant dans sa personne la grande unité nationale.

2° Et quatorze ministres chargés des quatorze départements ministériels ci-après :

Affaires étrangères,
Agriculture,
Commerce,
Cultes,
Finances,
Force publique,
Industrie,
Instruction publique,
Intérieur,
Justice,
Marine et colonies,
Postes et télégraphes,
Sciences et arts,
Travaux publics.

Les quinze membres du Comité exécutif seraient désignés par l'Assemblée nationale, toutes les chambres réunies au complet, et dans son propre sein.

Leur élection serait ensuite soumise *individuellement* au vote du suffrage universel dans tous les cantons.

La constitution nouvelle préciserait les attributions diverses de ce gouvernement central.

CHAPITRE XV

RÉVISION DES LOIS

L'adoption de la constitution républicaine la mieux étudiée serait insuffisante si elle n'impliquait pas affirmativement le principe de sa révision permanente et celle de *toutes les lois antérieures.*

L'Assemblée nationale, après avoir formulé le pacte social et les institutions organiques les plus urgentes, telles que la loi sur l'administration intérieure, la loi électorale, celles sur l'instruction publique, l'exercice de la justice, la force publique et les contributions financières, etc., devrait procéder à la révision générale des anciennes lois, opération laborieuse qui exigerait plusieurs années.

Les lois de l'avenir doivent se distinguer de l'ancienne loi par leur caractère *adhésionnel* puisé dans la sanction effective du peuple. La loi soumise à l'adhésion directe du peuple, et commune à tous, peut seule devenir obligatoire sans résistance pour tous les adhérents.

Le caractère adhésionnel, substitué à l'ancienne forme édictale, imprimerait à toutes les lois le sceau d'une consécration vraiment légitime. Son adoption serait applicable à la révision des lois antérieures.

La révision de toutes les lois, sans exception, apparaît donc d'une incontestable urgence, pour les mettre en harmonie avec l'esprit de la nouvelle constitution. Les précédents gouvernements qui considéraient la chose publique comme subordonnée à leur propre intérêt, ne pouvaient être bien empressés pour faire cette révision, parce que, dans la législation existante, il y a des armes à toutes fins. A cet égard la bonne foi du public fut toujours trompée. On croyait, en renversant un régime, briser en même temps les armes qu'il avait forgées pour sa défense. Puis, quand le pouvoir nouveau était lui-même ébranlé dans son exercice, on était surpris qu'il allât chercher des armes défensives dans les vieux arsenaux législatifs, en apparence oubliés, et que le public croyait être tombés en désuétude avec les circonstances qui les avaient fait naître.

C'est ainsi que la Restauration bourbonienne a su approprier à sa défense des lois d'exception de la première République ; que la Royauté bourgeoisienne de 1830 a puisé dans le magasin légal de la précédente Restauration. La République de 1848 et plus tard l'Empire invoquèrent aussi pour leur défense les lois d'exception de tous les régimes. La révision générale de nos lois doit faire cesser ce scandale qui serait un mensonge légal au principe de liberté.

La Révolution, passant du monde spéculatif dans le monde réel, devra formuler un droit social qui absorbera en grande partie les anciens droits divers, national, civil, criminel, municipal, politique, militaire, administratif, commercial, etc. Tous ces droits particuliers furent utiles, quoique inféconds, parce qu'ils correspondaient alors aux castes de fait, sinon légales, pour lesquelles ils furent institués, comme moyens de discipline pour la subordination de peuples mineurs.

Le droit social, formulé par nos descendants, sera le pacte final d'émancipation. Synthèse supérieure de tous les droits fragmentaires du passé, il sera directement affirmatif et fécond.

Dans la révision des lois, la loi nouvelle devrait correspondre aux seuls besoins contractuels qui ont survécu à l'ancienne, tout en donnant satisfaction aux besoins nouveaux. C'est dans le remaniement des codes qu'il importerait surtout de séparer le nouveau droit français du droit ancien.

C'est un devoir pour les juristes consciencieux de rompre avec les traditions persistantes qui nous enlacent encore dans le droit romain. La rigidité aristocratique du droit romain est tout à fait déplacée, en présence de la transformation successive des intérêts sociaux.

En révisant les lois relatives au travail, il conviendrait autant que possible de séparer l'arbitral de l'arbitraire. Cette séparation mettrait fin à bien des antagonismes, et permettrait de mieux préciser, pour un temps, le caractère de la justice moderne.

CONCLUSION

Les Républiques des temps passés furent toutes, sans exception, des tyrannies aristocratiques.

Les deux États réellement libres, existant en Europe et en Amérique, ont échappé au fléau de la tyrannie en se fondant sur le principe fédéral.

La France a brisé les anciens cadres sociaux dans lesquels elle fut longtemps tenue en servitude.

Le régime égalitaire ne saurait fonctionner dans les débris de ces vieux cadres qui enveloppent encore aujourd'hui la France. Présentement délivrés du despotisme, nous sommes redevenus maîtres de notre destinée. Usons de cette liberté pour nous organiser nous-mêmes, si nous ne voulons pas retomber sous de nouvelles tyrannies, individuelles ou collectives. Dans cette période transitoire, notre état social est sans cohésion. Il nous faut des institutions nouvelles, dans lesquelles nous puissions nous mouvoir librement et donner toute satisfaction à nos instincts d'ordre.

Les cadres de la société nouvelle s'établiraient sans effort avec l'adoption du régime fédéral. Ce régime est la consécration pratique dans nos mœurs d'une sainte loi sociale énoncée par nos pères : *l'union fait la force!* Il doterait la France de cette force nationale qui plusieurs fois lui a manqué aux jours du péril. Il la rendrait désormais inviolable, soit par les partis, soit par l'étranger.

La République fédérale est le terrain commun de conciliation sur lequel peuvent se rallier les honnêtes gens de toutes les opinions. Ce n'est pas la République d'un parti. C'est l'honnête patrimoine de tous, le refuge des consciences probes et libres, dans lequel on ne connaît plus ni castes, ni sectes, ni partis. C'est la réalisation du monde chrétien.

Sous les précédents régimes, l'homme vivait pour son propre compte, sans aucun souci des affaires publiques, en pratiquant ces tristes axiômes : *Laissez faire, laissez passer. — Chacun chez soi, chacun pour soi.* Dans la famille fédérale au contraire, comme dans la famille privée, personne ne reste isolé; tout citoyen est quelque chose, et contribue dans une certaine mesure au bien public.

D'accord avec la précession historique, je ne crois pas qu'en dehors du principe fédératif, la vitalité de la République soit possible dans notre patrie. Notre édifice égalitaire ne pourra se consolider que si nous avons la sagesse de le sceller par le ciment fédéral.

Fédérons-nous! Organisons le canton comme l'unité politique de la France, de même que le bataillon est l'unité militaire dans l'armée.

Que chacun de nos cantons fédérés envoie un député à l'Assemblée nationale.

Que cette Assemblée nombreuse, mais pas trop nombreuse pour représenter un pays tel que la France, embrasse dans ses attributions distinctes et séparées le pouvoir législatif, judiciaire et exécutif de la nation. Telle paraîtrait être la solution pratique du problème final du gouvernement direct du peuple.

La République est une association politique. On ne saurait associer tous les hommes par procureurs et sans leur ratification personnelle : d'où résulte la nécessité d'un contrat social permanent entre les divers intéressés de cette association. Or ce contrat existerait dans la sanction adhésionnelle de nos lois.

Toutes les institutions, revêtues du caractère adhésionnel par le vote direct des cantons, puiseraient dans ce principe une force morale qui leur a manqué dans tous nos essais antérieurs pour fonder la République en France.

Une constitution politique consacrant une telle rénovation sociale ne saurait s'improviser. Elle exige le travail collectif et réfléchi d'un comité spécial pouvant peut-être absorber une année ou une demi-année au moins.

Tout ce qui porterait le caractère de la précipitation, dans l'élaboration d'une pareille œuvre, pourrait compromettre l'existence de la constitution future et l'exposer au sort précaire de ses aînées.

Ce qui semblerait préférable serait peut-être d'adopter dès à présent, à titre essentiellement provisoire, la constitution de 1848, sauf de légères modifications, pour laisser à la France le temps de formuler sagement la constitution nouvelle.

Beaucoup d'esprits appellent de tous leurs vœux la formation des États-Unis d'Europe; d'autres, la République universelle. Aucun de ces deux établissements ne peut se fonder, ni par l'esprit stérile de conspiration et de révolte, ni par la force. On ne pourrait sérieusement songer, quant à présent, à réunir dans une commune alliance des nations disparates qui n'ont pas encore adopté le principe de la justice. La loi générale d'agrégation est celle-ci : Qui se ressemble s'assemble ! Donnons aux autres peuples l'exemple d'une sage organisation sociale, et nous serons imités.

La République universelle n'est possible qu'en dehors de toute contrainte et par l'explosion spontanée du droit fédéral. Cette explosion ne peut se produire que par agrégations successives, en présence d'un État politique modèle, offrant à tous les peuples le spectacle pratique et imitable d'un régime social fondé sur le respect du droit.

Telle paraît être la mission initiatrice dévolue à la République française.

INVOCATION

Au peuple des cantons.

Vous avez entendu, au milieu de vos guérets, le bruit de cette Révolution nouvelle, née des désastres de la patrie, et vous annonçant l'inauguration prochaine de la République des champs.

Le régime fédéral a pour but d'améliorer sans cesse le sort des populations laborieuses, en consacrant l'égalité des droits de tous.

Il affranchira du même coup, et le soc de la charrue, et le métier qui bat la trame, et les filets de la marine, et les marteaux de l'industrie.

Fédérez-vous ! La République fédérale vous facilitera l'exercice sincère du suffrage universel, pour lequel votre confiance fut tant de fois trompée.

Dans le choix de vos représentants aux assemblées nationales, attachez-vous à élire de préférence des hommes bien connus de vous, connaissant eux-mêmes vos intérêts, et capables d'exprimer à la France votre volonté réelle.

Quand des tribuns, ambitieux de vos suffrages, vous feront des discours éloquents et de pompeuses promesses, informez-vous exactement si la langue qui les a proférés est toujours restée pure. Défiez-vous des candidats patronnés par les vieux partis, et ne donnez vos suffrages qu'à bon escient. Déclarez fermement à vos députés que vous voulez la République fédérale qui seule peut donner aux cantons la vie politique, et votre volonté sera faite.

Le régime fédéral des cantons, étendu aux populations des villes, confondra tous les enfants de la patrie dans une grande union fraternelle qui a manqué jusqu'à présent. Il mettra fin à la sujétion injuste dans laquelle ont été si longtemps maintenus les travailleurs.

Une éducation patriotique, égale pour tous, distribuera les bienfaits de l'instruction aux intelligences en retard.

Dans la République fédérale, toutes les lois doivent être soumises à votre approbation. Il ne sera plus nécessaire de faire appel à la révolte, ni de mettre la faulx à l'envers, quand vous n'aurez plus à obéir qu'à des lois justes, que vous-mêmes aurez consenties.

Des lois civiles régleront les conditions générales du travail, dans l'intérêt de tous les travailleurs, en laissant entière la liberté des contrats. Les différends sur les questions de détail seront aplanis par le tribunal arbitral du canton, dont vous-mêmes aurez choisi les juges parmi vos concitoyens les plus méritants.

Toutes les affaires qui vous concernent, au lieu d'être décidées à cent lieues de vous, par des commis inconnus, seront traitées par des hommes investis de votre confiance, et autant que possible en votre présence.

Alors on ne verra plus de ces abus révoltants qui attribuent tout l'avantage d'un côté, rien de l'autre, et qui finalement engendrent la misère. La misère! l'horrible misère, que des rhéteurs aveugles et impies proclament un mal nécessaire, disparaîtra sans peine, quand un lien fédéral et chrétien aura introduit l'exercice pratique de la fraternité dans nos mœurs.

Désormais le peuple français, délivré de tous ses tyrans, vivra sous des lois que lui-même aura faites en famille. Il aura conquis des institutions sages, capables d'assurer à chacun, sous son propre contrôle, dans des conditions d'ordre et de liberté, le prix mérité de son travail, en même temps que sa participation légitime à la vie morale et à la richesse publique.

Aux prêtres chrétiens.

Durant le cours de mes travaux, j'ai eu l'occasion de fréquenter plusieurs centaines d'entre vous, dans les diverses contrées de la France, et j'ai souvent éprouvé les bons soins de votre cordiale hospitalité.

Dans nos entretiens du soir, notre conversation revenait toujours sur la vie future, sur la mission du christianisme, sur la direction à donner aux bons instincts des masses déshéritées. Combien de fois j'ai été touché de votre ardent patriotisme et de votre amour sincère du peuple !

Aujourd'hui je viens vous convier à rallier vos paroissiens sous la bannière du régime fédéral.

En répétant au peuple des villes et des campagnes : Fédérez-vous ! vous serez vraiment les interprètes du saint Évangile qui nous dit : *Aidez-vous les uns les autres ! Unissez-vous tous pour ne faire qu'un !*

La république fédérale ! C'est en effet l'alliance religieuse des cœurs. C'est l'Union chrétienne, préparant la communion des saints !

Au nom de la fraternité chrétienne, au nom de celui qui nous a tous créés de la même étincelle, appelez au banquet fédéral de la communion humaine ces pauvres travailleurs des campagnes et des villes, dont l'existence triste et sombre s'écoule en dehors des expansions de la vie générale, sans présent, sans avenir, sans liens sociaux, sans patrie, sans amour !

Relevez vers le ciel de l'espérance leurs nobles fronts trop longtemps courbés vers la terre, dans un ingrat labeur, et sous le grappin de la misère !

Éclairez ces intelligences attardées, pour les guider sur la route du progrès, vers de meilleures destinées !

La République fédérale élargira le cercle de votre autorité morale et vous facilitera l'exercice de votre sacerdoce, en réparant à votre égard de grandes injustices.

Enfin, la fraternité chrétienne, si longtemps paralysée par le despotisme, aura trouvé un refuge !

Aux ministres israélites.

Mon appel aux prêtres chrétiens s'adresse aussi à vous, pasteurs d'Israël.

Vous acclamerez la République fédérale, vous les adoptés de la France ! Vous nos vénérables aînés dans le culte du Très-Haut ! Vous qui nous avez transmis le saint Décalogue, conservé par vos pontifes dans l'*Arche d'Alliance!* Vous dont les ancêtres ont vécu de la vie fédérale, avant la dispersion des tribus d'Israël !

Cette dispersion vous jeta longtemps dans la servitude, jusqu'au jour où vous avez retrouvé, dans la France régénérée, la Jérusalem nouvelle !

Aux jurisconsultes.

J'ai pu exposer souvent les conditions du régime fédéral à bon nombre d'entre vous, auxquels je suis uni par les liens d'une vieille confraternité, et que je tiens en haute estime. Je suis heureux de déclarer, en toute sincérité, que je n'ai pas rencontré parmi vous de contradicteurs.

Dieu a inscrit au cœur de l'homme un code de lois sociales, en laissant à sa libre responsabilité leur application. Pour le contrôle de cette liberté, l'arbitre suprême a éclairé notre âme d'une étincelle de sa divine essence : la justice !

Des législateurs antiques, se croyant des demi-dieux ou des envoyés célestes, ont pu, dans un but de suprématie, voiler pour longtemps dans les lois le sentiment de la justice, sans pouvoir l'effacer du cœur de l'homme.

Le droit romain, la plus impérieuse des tyrannies s'exerçant sous les apparences de la justice relative, fut imposé à notre pays après la conquête de César. Il a longtemps pesé et pèse encore trop lourdement sur les institutions de la France.

Toutefois, nous sommes aujourd'hui bien loin des temps de la Rome des Césars, où les dominateurs du monde tenaient en si froid dédain la pauvre créature humaine. Combien depuis lors l'homme a grandi en respect et en dignité ! On peut le dire avec une certaine fierté en écrivant ces lignes dans les murs de Paris assiégé par les barbares; dans la ville du progrès qui, la première, a proclamé les droits de l'homme et du citoyen; dans la Cité initiatrice des bonnes pensées, et qui ne saurait plus désormais avoir d'autre prétention à dominer dans le monde que par le bien qu'elle y pourra faire !

Il importe au plus haut degré de bannir de nos lois jusqu'aux dernières traces de l'esprit compresseur du droit romain. Il sera facile de supprimer son action desséchante, en dotant nos institutions de l'esprit sentimental et chrétien qui est l'expression pratique de nos mœurs nationales et dont se trouve empreint déjà notre droit français.

Tout vestige de compression disparaîtra de nos lois comme de nos mœurs, et la discipline consentie succédera partout à la discipline imposée, quand nos institutions auront complétement revêtu, par l'application directe du suffrage universel, le caractère adhésionnel dont elles étaient dépourvues.

En ce qui concerne l'émancipation des femmes, vous reconnaissez tous qu'elle est légitime, mais difficile à réaliser autrement que par degrés successifs et par un consentement universel. Or ce consentement général trouvera sa consécration naturelle dans le libre suffrage des populations fédérées.

Vous confessez tous que le régime fédéral, c'est l'alliance naturelle reposant sur l'intérêt de tous et sur une communauté de principes constituants.

La République fédérale attend du concert de vos intelligences élevées un code de lois sages, en harmonie avec le progrès contemporain. Ce sera un monument glorieux de votre patriotisme éclairé, que nous transmettrons avec bonheur à nos descendants !

Aux savants.

J'ai essayé d'indiquer dans ce mémoire la mission qui me paraît dévolue à la science, dans la France fédérale.

C'est un pieux devoir pour les hommes qui sont en possession de la science, de répandre les lumières de l'esprit parmi tous les membres de la famille nationale, si longtemps privée de ce bienfait.

Les prétendues erreurs de la science ne peuvent être attribuées qu'à l'insuffisance ou à l'impéritie des hommes. A raison de sa sainte origine, la science ne se trompe pas. Elle est lumière de vérité. Tout le bien qu'elle nous procure vient de Dieu! La divine Providence nous tient en réserve d'inépuisables trésors, longtemps cachés, pour nous les révéler à son heure, et à mesure que nous devenons de plus en plus méritants!

Une solidarité fraternelle nous impose le devoir de nous éclairer mutuellement dans la voie du progrès pour nous guider vers une commune destinée.

Que sommes-nous en effet, nous tous enfants de l'humanité, qui venons, au début de notre existence céleste, faire une courte halte de quelques années, à la surface de ce petit globe planétaire? Oui, que sommes-nous, au point de vue des liens de solidarité qui doivent nous unir? Ne sommes-nous pas en réalité les marins d'un même navire, d'un navire lancé dans l'océan des étoiles, sous l'impulsion tutélaire du Pilote éternel?

Dans quel but serions-nous envoyés sur cette terre, pour le peu de temps que nous y restons, si ce n'était pour y faire quelque bien ; pour laisser à ceux qui viendront après nous un peu plus que nous n'avons reçu nous-mêmes de ceux qui nous ont précédés? Telle me paraît être la loi génératrice du progrès dans l'humanité.

Cette loi fraternelle, personne ne saurait mieux que vous la comprendre et l'appliquer.

La République fédérale vous offrira un nouveau champ d'expansion intellectuelle. En répandant la lumière de la science dans le sein des populations, vous compléterez leur affranchissement, et vous les prémunirez ainsi contre le retour des vieilles tyrannies. La science, trop longtemps méconnue, deviendra désormais, sous votre noble initiative, le fanal du bien public!

A la presse.

La mission réservée à la presse m'apparaît également entourée d'une incomparable grandeur. Aussi c'est la presse que j'adjure, en m'adressant à ceux de ses apôtres qui ont conquis l'heureux privilége de faire entendre chaque jour au public une parole aimée.

Je leur dirai en toute confiance :

Dans cette question du régime fédéral de la France, vous êtes sur un terrain qui vous appartient. Ne craignez pas de parler haut. Parlez haut, très-haut, tellement haut que votre voix puisse se répandre et retentir dans nos cantons, comme le cri de détresse des multitudes dépourvues, si longtemps déshéritées de la vie politique !

Que Paris, devenu désormais la ville sainte de la liberté, fasse entendre au peuple les accents organiques de la rénovation sociale, préparant l'avénement de la fédération universelle.

Oui, l'optimisme seul est fécond, parce qu'il est l'expression de la foi ardente dans le bien. En arborant la bannière de l'optimisme, au-dessus des lambeaux usés d'une critique stérile, vous serez vraiment les gonfaloniers du progrès !

Vous êtes les tribuns naturellement investis de la foule immense des déshérités et des souffrants. Vous ouvrirez la discussion publique et calme sur toutes les questions intéressant le sort des travailleurs. Vous leur crierez bien haut : Fédérez-vous ! Et vous élèverez ainsi votre apostolat à la hauteur d'un vrai sacerdoce.

Oh ! alors, vous serez entendus. Et si les publicistes qui vous ont précédés ont pu, aux jours difficiles de notre histoire, bien mériter parfois de la patrie, vous les aurez surpassés ! Oui, vous aurez fait plus qu'eux ; car, en stipulant pour cette sainte cause de l'alliance nationale, en contribuant par vos efforts à féconder, à développer les germes de la fédération fraternelle dans notre chère France, vous aurez préparé l'avénement glorieux du concert fédéral des peuples. Oh ! oui, vous aurez fait plus qu'une œuvre patriotique; vous aurez bien mérité de l'humanité tout entière. Vous aurez à la fois attiré sur vos noms l'estime du public, et, sur vos têtes, les bénédictions de Dieu!

FIN.

Paris. — Typographie Adolphe Lainé, rue des Saints-Pères, 19.

www.ingramcontent.com/pod-product-compliance
Lightning Source LLC
LaVergne TN
LVHW020402230826
846091LV00003B/1119

* 9 7 8 2 0 1 2 4 7 2 2 6 6 *